Taschenbücher zur Musikwissenschaft

27

Taschenbücher zur Musikwissenschaft
Herausgegeben von Richard Schaal
27

Heinrichshofen's Verlag
Wilhelmshaven

RICHARD SCHAAL

Musiker-Monogramme

Ein Verzeichnis

Mit einem Quellen-Anhang
Kataloge und Literatur

Heinrichshofen's Verlag
Wilhelmshaven

ISBN 3-7959-0203-7
Gesamtherstellung: Heinrichshofen's Druck, Wilhelmshaven
Printed in Germany
Bestell-Nummer 12/203

INHALTSVERZEICHNIS

VORWORT

Wer sich mit Untersuchungen von Musikhandschriften und Drucken beschäftigt, der wird immer wieder resigniert feststellen, daß ein erheblicher Teil des Bestandes an Manuskripten autormäßig nicht eindeutig identifiziert werden kann. Grund dafür ist in erster Linie das Fehlen einer exakten Urheberangabe, an deren Stelle sich in vielen Fällen eine Namenskürzung, ein sogenanntes Monogramm befindet. Das vorliegende Repertoire gibt erstmals eine geschlossene, auf umfassendem Quellenstudium basierende Übersicht über die wichtigsten Musiker-Monogramme auf Manuskripten und Drucken bis zur Mitte des 19. Jahrhunderts.

Nicht nur in der Kunstgeschichte spielen die von den Künstlern auf ihren Arbeiten verwendeten Zeichen (in der Regel die Anfangsbuchstaben des Vor- und Familiennamens), deren Auflösung die Forschung mit zum Teil erheblichen Schwierigkeiten konfrontiert, eine Rolle. Auch die Musikbibliographie kennt, wie Robert Eitners "Quellenlexikon" und die einschlägigen Arbeiten zur musikwissenschaftlichen Quellenüberlieferung beweisen, die Problematik der auf Handschriften und Drucken vorhandenen Monogramme. Dem Weitblick Eitners ist die erstaunlich reichhaltige Ausbeute an Namenskürzungen im Rahmen der Materialerfassung seines Lexikons zu verdanken, dessen entsprechende Informationen für die Quellenforschung in Geschichte und Gegenwart fundamentale Bedeutung erlangten.

Während sich in jüngerer Zeit verhältnismäßig unkomplizierte Namenskürzungen feststellen lassen, ist die Vielfalt der Monogramme im 15. und 16. Jahrhundert besonders auffallend. Für diesen Zeitraum sind Kürzungen in Gestalt mehrerer Buchstaben für den Vor- und Familiennamen nicht selten. Die Berufsbezeichnung oder Herkunft des Künstlers wird ebenso wie die Zugehörigkeit zu einem Orden bis weit ins 17. Jahrhundert hinein durch einen entsprechend gekürzten Zusatz zum Ausdruck gebracht. Je nach der Länge des Namens und der Attribute sind die verschiedensten Formen von Monogrammen zu finden. Sie reichen von wenigen Buchstaben bis zum Buchstaben-Labyrinth für ausführliche Namensformulierungen.

Besondere Schwierigkeiten bei der Identifizierung von Autoren ergeben sich mit der Feststellung, daß oft dieselben Abkürzungen für verschiedene Persönlichkeiten üblich waren. In vielen Fällen stößt die Zuweisung einer Namenskürzung an einen bestimmten Autor auf unüberwindliche Hindernisse, die auch durch stilistische und bibliographische Untersuchungen kaum überwunden werden können. Um zu einem befriedigenden Ergebnis zu gelangen, bedarf es eines erheblichen Aufwandes an Recherchen im Bereich der historischen Hilfswissenschaften und der einschlägigen Personalgeschichte.

Obwohl die vorliegende Übersicht keinen Anspruch auf Vollständigkeit erhebt, dürfte der größte Teil des in Frage kommenden Materials unter Berücksichtigung des Forschungsstandes von 1975 erfaßt sein. Lücken ergeben sich zwangsläufig für die von der Forschung noch nicht berücksichtigten Quellen.

Zur Anlage und Einrichtung des Buches

I. Quellen

Ausgewertet wurden Bestände zahlreicher Bibliotheken und Archive. Neben Originalhandschriften und Drucken konsultierte der Bearbeiter die einschlägigen Kataloge und das Schrifttum zur musikwissenschaftlichen Quellenforschung.

Eine ausführliche Übersicht über gedruckte Bibliothekskataloge und Literatur bietet der Anhang des vorliegenden Verzeichnisses.

II. Auswahl der Monogramme

Berücksichtigung fanden in erster Linie und so umfassend wie möglich Monogramme der Musikhandschriften und Drucke (Practica und Theoretica) vom 15. bis zur Mitte des 19. Jahrhunderts. Namenskürzungen von neueren Schriftstellern und Librettisten, soweit sie musikgeschichtlich von Bedeutung sind, wurden nur in knapper Auswahl verzeichnet. Die Übersicht erhebt keinen Anspruch auf Vollständigkeit. Aus dem Fehlen eines Monogramms darf also nicht geschlossen werden, daß das Gesuchte nicht verwendet worden sei. Ein Fragezeichen (?) hinter einem Monogramm kennzeichnet eine wenig gesicherte Zuweisung.

III. Anordnung des Verzeichnisses

Das Verzeichnis ist in zwei Teile gegliedert. Teil I umfaßt das Verzeichnis der Monogramme und deren Auflösung, Teil II das Verzeichnis der Persönlichkeiten (mit Angabe der Lebenszeit) sowie die entsprechenden Monogramme. Der Anhang des Buches enthält ein Quellenverzeichnis. Die Monogramme sind alphabetisch nach dem ersten Buchstaben, nicht nach dem Familiennamen geordnet. Die Umlaute ä, ö, ü, äu werden in ae, oe, ue, aeu aufgelöst und entsprechend in das Alphabet eingeordnet.

TEIL I

VERZEICHNIS DER MONOGRAMME

A

A.	Ansanus S.
AA.	Alexander Agricola
	Attilio Ariosti
	Andreas Armsdorf
A.B.	Arnold von Bruck (Arnoldus Brugensis)
	Antoine Brumel
A.C.	Antonio Caldara
	Antonio Capreoli
A.Cad.	Andreas Cadner (Kadner)
A.D.A.	Andrea de Antiquis
A.DeA.V.	Andrea de Antiquis Venetus
A.D.M.	Antonius Dulingius Magdeburgensis
A.E.	Ambrosius Erich
A.F.	Adam von Fulda
A.G.	A. Gehre
A.G.T.	Adam Gumpelzhaimer Trostbergensis
A.G.T.B.	Adam Gumpelzhaimer Trostbergensis Boius
A.H.	Andreas Hammerschmidt
A.J.H.	Anton Joseph Hampel
A.K.	Adam Krieger (Krüger)
Alb.H.	Heinrich Albert (?)
A.L.C.	August Leopold Crelle
A.M.L.	Albrecht Martin Lundsdörffer

A.M.N.	Ambrosius Müller Neuruppin
And.Ham.	Andreas Hammerschmidt
Ans.S.	Ansanus S.
Ansa.S.	Ansanus S.
Ant.Cap.	Antonio Capreoli
Ant. Pata.	Antonius Stringarius Patavinus
Ant.String.Patavinus	Antonius Stringarius Patavinus
Antonius Pata.	Antonius Stringarius Patavinus
A.N.V.	Andreas Nicolaus Vetter
A.P.	Ambrosius Profe (Profius)
A.P.O.	Aegidus Paix Organista
A.Ross.	Antonius Rossetus
A.S.	Adam Steigleder
	Andreas Schwartz Francus
	Antonio Scandello
A.W.	Albert Weissenberger

B

B.	Franz Friedrich Siegmund August von Boecklin zu Boecklinsau
B.C.	Benedictus Christiani
B.C.D.	Baron Carl von Doblhof-Dier
B.Ch.	Benedictus Christiani
B.D.	Benedictus Ducis
B.D.M.	Bernardino di Mosto
B.(D.)de B.	Benigne de Bacilly
B.de W.	Baron Christian Ludwig Gustav von Wiese
B.F.	Bartholomäus Falckenhagen
B.F.L.	Balthasar Fritsch Leipzig
B.G.	Bartholomäus Gesius
B.H.	Balthasar Hartzer
	Bartholomäus Helder
B.K.	Bernhard Klingenstein
B.M.	Balthasar Musculus
B.S.	Benedikt Schultheiß
B.T.	Bartolomeo Tromboncino
B.von W.	Baron Christian Ludwig Gustav von Wiese

C

C.A.J.	Christian August Jacobi
C.A.L.	Carlo Ambrogio Lonati
C.A.S.	Christian Andreas Schulze
C.A.T.	Carl August Thielo
C.B.	Christoph Perckhofer (Berckhover)
	Crato Bütner (Bythner)
C.B.N.	Christoph Buel Nürnberg
C.Ch.D.	Constantin Christian Dedekind
C.D.	Carl (von) Doblhof-Dier
C.E.(Er.)	Christian Erbach
C.F.	Christian Flor
	Cornelius Freund
C.F.W.	Christian Friedrich Witt
C.H.	Caspar Horn
C.L.B.	Christian Ludwig Boxberg
C.M.	Christian Mauke
C.N.	Christoph Nostwitz
C.N.P.	Clemens non Papa
C.P.	Christoph Perckhofer (Berckhover)

C.S.	Christian Stephani
C.S.M.	Sua Maestà Cattolica
C.T.	Clemens Thieme

D

Dal.	Nicolas Dalayrac
D.B.	Daniel Bollius
D.B.H.	Dietrich Buxtehude Helsingorae
D.C.	David Cramer
D.F.	Daniel Friderici
	Des Fontaines
D.J.	Daniel Jacobi
D.K.	David Kellner
D.L.B.	Jean Benjamin de La Borde
D.L.C.	de Lacoste
D.L.T.	de Latour
D.P.	David Pohle
D.P.F.E.	Dr. Peter Friedich Endter
D.S.(W.)	Daniel Selich (Wittenberg)
D.Z.	Dezède (Nicolas Dezède, Florine Dezède)

E

E.H.	Ewald Hintz
E.K.	Emanuel Kegel
E.L.	Edward Löwe
E.L.D.	Ernst Ludwig Deimling
E.L.L.Z.H.	Ernst Ludwig, Landgraf zu Hessen
E.M.O.	Elias Mertel Organista
E.R.	Eberhard Reinwald
	Esaias Reusner
E.S.C.H.	Erasmus Sartorius Cantor Hamburgensis
E.T.	Eugène Troupenas
E.T.P.A.	Ermelinda Talia Pastorella Arcada (Pseudonym von Maria Antonia Walpurgis)
E.W.	Erasmus Widmann

F

F.	Festa
F.D.	Frédéric Desessart
F.D.L.	Filippo de Luprano
F.De.L.	Filippo de Luprano
F.F.	Friedrich Funcke
F.G.	Francisco Guerero (Guerrero)
F.M.	F. Marcou (?)
F.S.	Francis Segar
F.T.	Franz Tunder
F.V.	Francesco Ana (Franciscus Venetus)
	Francesco Usper
F.W.	Friedrich von Westhoff
	Friedrich Weißensee
Fr.W.Z.	Friedrich Wilhelm Zachow
F.X.A.M.	Franz Xaver Anton Murschhauser

G

G.A.B.	Giuseppe Antonio Bernabei
G.A.S.	George Alexander Stevens
G.B.	Georg Bleyer
	Georg Böhm
	Giovanni Beer
G.B.A.	Giovanni Battista Alveri
	Giovanni Battista Anselmi
G.B.C.	Giacobbe Basevi, genannt Cervetto
G.C.	Giuseppe Chiappari
G.C.W.	Georg Casper Wecker
G.D.	Gerhard Disineer
G.D.S.	Guillaume de Swaen
G.F.T.	Georg Friedrich Tempelhof
G.G.	Giovanni Gabrieli
G.G.S.	Georg Gabriel Schütz
G.H.	Georg Hemerl (Hemmerlen)
	Georg Hucke
	Gregor Howet
G.H.H.	G.H. Hartwig
G.H.S.	Gottfried Heinrich Stölzel
G.K.	Georg Knes (Kness) (?)

G.N.	Georg Neumark (?)
G.O.	Georg Oesterreich
G.O.P.	Giuseppe Ottavio Pitoni
G.P.H.	Georg Philipp Harsdoerffer
G.P.T.	Georg Philipp Telemann
G.R.H.	Georg Rudolf, Herzog von Liegnitz
G.S.	Gabriel Schütz
	Georg Schmetzer
	Georg Sulcius
G.S.B.	Johann Samuel Beyer
G.S.C.	Günther Schwenckenbecher Cantor
G.S.G.	Giuseppe Gesinta Salvioni
G.T.R.	Georg Theodor Reineccius (?)
G.V.O.	Georg Vintzius Organista

H

H.B.	Hans Buchner
	Horatio Benevoli
	Huldrich Brätel
H.D.L.	Hieronymo del Lauro
H.E.	Pseudonym von Thomas Bowman
	Heinrich Eitelwein (?)
H.E.C.W.	Heinrich Elsmann Cantor in Wolfenbüttel
H.F.	Heinrich Finck
H.G.	Heinrich Grimm
H.G.H.	Heinrich Grimm (aus) Holzminden
H.H.	Hans Heugel
	Heinrich Hartmann
	Henry Harington
H.Hart.	Heinrich Hartmann
H.I.	Heinrich Isaac
H.K.	Hieronymus Gradenthaler (Kradenthaler)

H.P.	Hans Puchner (Buchner)
	Henry Playford
H.S.	Heinrich Scheidemann
	Heinrich Schütz
	Heinrich Schwemmer

I

I.A.	I. Alberti (Pseudonym von J. F. Reichardt)
I.S.	John Speed

J

J.	Justinus à Desponsatione
J.A.	J. Alberti (Pseudonym von J.F. Reichardt)
	John Alcock
J. a B.	Joachim a Burck
Jac.F.	Jacobo Fogliano
J.A.D.	Giovanni Andrea Dragoni
	Jacques Auguste Delaire
Ja.Fo.	Jacobo Fogliano
J.A.H.	Johann Andreas Herbst
	Johann Adam Hiller
J.A. Junr.	John Alcock junior
J.A.S.	Johann Abraham Schmierer
J.B.	Johann Bähr (Beer)
	Johann (Hans) Buchner (Puchner)
	Josef Bermann
J.B.S.	Jakob Balthasar Schütz
J.C.	Jacob Cats
	James Clifford
	Johann Crüger
J.C.A.	Johann Christian Appelmann
J.C.F.	Johann Christoph Faber

J.C.H.	Johann Christoph Haiden
J.C.R.C.L.	Johann Christoph Raubenius Cantor Luckaviensis
J.D.	John Dowland (?)
J.D.E.	Johann Dillinger aus Eisfeld
J.D.M.	Johann David Mayer (Mejer)
J.E.K.	Johann Erasmus Kindermann
J.F.D.z.F.	Johann Friedrich Doles zu Freiberg
J.F.G.	Johann Friedrich Gräfe
J.F.P.	Johann Friedrich Pictorius
J.F.R.	Jacob Franz Ruphy
J.G.	Jacob Gallus (Handl)
	Johann (Giovanni) Gabrieli
	Johann Ghro
J.G.B.P.M.	Johann Georg Burriegel
J.G.C.S.	Johann Georg Christian Störl
J.G.K.	Johann Georg Kühnhausen
J.G.T.	J.G. Tauscher
J.H.	Jacob Handl
	Jobst Heider
	Johann (Hans) Heugel
	Jonas Hanway
J.H.B.	Johann Heinrich Buttstett
J.H.G.	Johann Hieronymus Graff
J.H.H.	Johann Holtheuser Hildburghausen
J.H.S.	Johann Hermann Schein

J.J.	Jean Jacques (Rousseau)
	Johann Jeep
J.J.C.	J.J. Colevelt
J.J.C.B.	Johann Joachim Christoph Bode
J.J.H.R.	J.J.H. Ribock
J.J.L.V.E.	Johann Jakob Löwe von Eisenach
J.J.Q.	Johann Joachim Quantz
J.K.	Johann Krieger
	Johann Philipp Krieger
	Johann Kuhnau
J.L.	Johann Löhner
J.L.H.	Hans Leo Haßler
J.M.	James Mathews
	Joachim Meyer
J.N.	Johann Neubauer
J.N.H.	Johann Nicolaus Hanff
J.N.V.	J.N. Vetter
Jo.Bo.	Johann Bouchner (Buchner)
Jo.Broc.	Johannes Brocchus
Joh.Pach.	Johann Pachelbel
J.P.	Johann Pachelbel
	Johann Puchner (Buchner)
	John Playford
J.P.A.H.	J.P.A. Hahn
J.P.K.	Johann Philipp Krieger
J.P.O.	Jacob Paix Organista
J.R.	John Reid
	Johann Reusch
	Johann Rosenmüller

J.R.	Pseudonym von James Oswald
J.R.A.	Johann Rudolph Ahle
J.S.	Jacob Supp
	Jörg Schönfelder
	Johann Schechinger (Schachinger)
	Johann Schelle
J.S.C.	Johann Stolle Calegiensis
	Johann Sigismund Cousser (Kusser)
J.U.C.M.D.	Johann Ulich
J.V.B.	Jobst vom Brandt
J.W.	Johann Walter
	Johann Weichmann
J.W.F.	Johann Wolfgang Franck
J.W.O.	Johann Wircker von Oschatz
J.W.S.	Johann Wilhelm Scheffer

K

K.	Johann Krieger
	Johann Philipp Krieger
	Georg Friedrich Künstel
Kr.	Johann Krieger
	Johann Philipp Krieger

L

LB.	Michael Lambert
L.B.C.	Clouet
L.C.D.B.	René de Béarn Brassac
L.E.D.	Ernst Ludwig Deimling
L.H.	Lucas Hordisch (?)
L.L.	Leone Leoni
L.M.	Luca Marenzio
	Ludovico Milanese
L.P.	Leonhard Paminger
L.R.P.L.Q.	Le Révérend Père Le Quointe
L.S.	Ludwig Senfl

M

(In vielen Fällen bedeutet der Buchstabe **M** Meister bzw. Monsieur)

M.A.	Michael Altenburg
M.A.v.L.	Matthaeus Apelles von Löwenstern
M.B.	Monsieur Charles Bâton
M.C.	M. Campanus Muzio Clementi
M.C.P.	Magister Conrad Paumann
M.Dal.xxx	Monsieur Dalayrac
M.D.B.	Monsieur (Michel François) Dandré-Bardon
M.D.K.	Servaas van Konink
M.D.L.	Charles de Lusse
M.D.L.P.	Pierre Antoine de la Place
M.D.Z.	Monsieur Dezède
M.E.	Marc Anton Eidous Matthias Eckel Moritz Edelmann
M.F.S.	Melchior Franck Silesius
M.G.	Matthaeus Greiter

M.H.	Matthaeus Haertel
	Michael Hofmann
M.H. von Constanz	Meister Hans von Constanz
M.H.F.	Martin Heinrich Fuhrmann
M.J.C.F.	Johann Conrad Feuerlein
M.K.	Michael Kraf
M.L.	Marcus Landwing
	Monsieur Laujon
	Michael Lohr
M.L.H.	Moritz, Landgraf von Hessen
M.M.	Matthias Maercker (Mercker)
	Monsieur Monsigny
M.N.	Melchior Neusidler
M.P.	Martin Peerson
	Michael Praetorius
M.R.P.O.E.	Martin Raphun Pomeranus Organista Elbingensis
M.S.	Marco Scacchi
	Melchior Schildt
M.S.S.J.	Matej Steyer Societas Jesu
M.V.	Michel Volckmar
	Melchior Vulpius
M.W.	Matthias Weckmann
M.^{xxx}Y	Monsigny

N

N.B	Nicolaus Brocus (Broch)
N.C.	Nicolas de Clibano (?)
	Nicolaus Craen
N.H.	Nicolaus Hasse
Ni.Pa.	Nicolo Pifaro Patavino
Nico.Pa.(Pat.)	Nicolo Pifaro Patavino
N.K.	Nikolaus Körner
	Nikolaus Krantz (Kranz)
	Nikolaus Kropstein
N.Kr.	Nikolaus Körner
	Nikolaus Krantz (Kranz)
	Nikolaus Kropstein
N.,Michael	Michael Nigidius
N.P.	Nicolo Pifaro
N.Pa.	Nicolo Pifaro
N.T.	Nathaniel Thompson
N.Z.	Nikolaus Zangius

P

P.	Marco Giuseppe Peranda
	Pinel
	(wahrscheinlich Germain Pinel)
P.A.	Paolo Agostini
	P. Apfel
P.B.	Paul Becker
P.C.V.	Pelegrino Cesena Veronensis
P.D.Lu.	Philippo de Luprano
	(Lurano)
P.D.T.	Pontus de Tyard (Thiart)
Pe.ph.A.	Petro Philippo Anglese
P.H.	Paul Hainlein
	Paul Hallmann
	Paul Hofhaimer
	Henry Playford (?)
Ph.D.Ch.	Philippus Dulichius Chemnitz
P.H.E.	Philipp Heinrich Erlebach
Phi.de Lu.	Philippo de Luprano (Lurano)
Philipp.L.	Philippo de Luprano (Lurano)
Philip.de Lu.	Philippo de Luprano (Lurano)
P.I.C.	Pater Justinus Carmeliter
	(Justinus à Desponsatione)
P.I.V.E.A.	Pater Jan van der Elst Augustiner

P.L.	Peter Lichterfeldt
P.L.W.	Peter Laurentius Wockenfuß
P.M.	Peter Morhardt
P.P.	Peter Prelleur
P.P.B.	Pietro Paolo Borrono
P.R.	Paul Raphun (Rebhun)
	Peter Ritter (?)
P.S.	Peter Sohren
P.S.Cant. et Verba	Paulus Scotto Cantus et Verba
P.S.d.R.	Philipp Le Sage de Richée
P.W.	Paul Wüst

R

R^{xxx} (de)	Chevalier Royer de Villerie
R.B.	Robert Broderip
R.C.	Raphael Courteville
	Reinardo Cesareo (Reinhard Keiser)
R.C.G.P.	René-Charles-Guilbert de Pixérécourt
R.D.L.	Rudolph de Lassus

R.E.H.	Rudolph, Erzherzog von Österreich
R.L.	Richard Langdon
R.M.	Rossino Mantovano
Rossi.Man.	Rossino Mantovano
R.O.	René Ouvrard
R.S.	Richard Suett (?)

S

S.C.	Samuel Capricornus
S.D.	Sixt Dietrich
S.D.K.	Servaas de Konink
S.H.	Sebald Heyden
S.J.	Samuel Jacobi
S.K.	Sebastian Knüpfer
S.M.C.	Sua Maestà Cattolica
S.S.	Samuel Scheidt
	Sebastian Stüx
S.S.L.	Sylvester Steier Leovallae
S.T.	Sixtus Theodoricus (Sixt Dietrich)
S.T.S.	Sigismund Theophil Staden

T

T.C.	Thomas Crecquillon
T.D.	Thomas Davies (?)
T.J.P.	Georg Philipp Telemann
T.K.	Tobias Kün
T.M.	Thomas Mancinus
	Thomas Moore
T.R.	Thomas Ravenscroft
T.S.	Thomas Selle
	Thomas Stoltzer
T.V.C.	Tobias Vollrad Cygnensis

V

V.D.	Valentin Dretzel
V.H.G.	Valentin Haußmann Gerbstädt
V.R.	Valentin Rab (Rabe)
V.S.	Waclav Szamotulczyk

W

W.A.M.	Wolfgang Amadeus Mozart
W.F.	William Babell (?)
	William Barley
W.B.E.	William Benson Earle
W.C.B.	Wolfgang Carl Briegel
W.C.D.	Wolfgang Christoph Deßler
W.G.	William Gardiner (?)
W.L.Org.	Wilhelm Lichtlein Organist
W.M.M.T.C.M.G.	Wolfgang Michael Mylius Capellmeister in Gotha (?)
W.S.	William Slatyer

Z

Z.	Maximilian Zeidler

TEIL II

VERZEICHNIS DER PERSONEN

A

Adam von Fulda (ca. 1445 – 1505)	A.F.
Agostini, Paolo (um 1583 – 1629)	P.A.
Agricola, Alexander (ca. 1446 – 1506)	A.A.
Ahle, Johann Rudolph (1625 – 1673)	J.R.A.
Albert, Heinrich (1604 – 1651)	Alb.H.
Alberti, J. (Pseudonym von J.F. Reichardt, 1752–1814)	J.A.
Alcock, John (1715–1806)	J.A.
Alcock junior, John (1740–1791)	J.A.Junr.
Altenburg, Michael (1584–1640)	M.A.
Alveri, Giovanni Battista (17. Jahrhundert)	G.B.A.

Ana, Francesco (Franciscus Venetus, 15./16. Jahrhundert)	F.V.
Ansanus S. (ein Komponist aus dem Anfang des 16. Jahrhunderts)	A. oder Ans.S. oder Ansa.S.
Anselmi, Giovanni Battista (16./17. Jahrhundert)	G.B.A.
Antiquis (Venetus), Andrea de (geb. um 1470/80)	A.D.A. A.De.A.V.
Apfel, P. (17. Jahrhundert)	P.A.
Appelmann, Johann Christian (Textdichter, 18. Jahrhundert)	J.C.A.
Ariosti, Attilio (1666– um 1740)	A.A.
Armsdorf, Andreas (1670–1699)	A.A.
Arnold von Bruck (ca. 1490–1554)	A.B.

B

Babell, William (um 1690–1723)	W.B. (?)
Bacilly, Bénigne de (um 1625–1690)	B.D.B. B.de B.
Bähr (Beer), Johann (1655–1700)	J.B.
Barley, William (um 1565– um 1614)	W.B.
Bassevi (genannt Cervetto), Giacobbe († 1783)	G.B.C.
Bâton, Monsieur Charles († 1758)	M.B.
Becker, Paul (17. Jahrhundert)	P.B.
Beer (Bähr), Johann (Giovanni) (1655–1700)	G.B.
Benevoli, Orazio (Horatio) (1605–1672)	H.B.

Berckhofer (Perckhofer), Christoph (17. Jahrhundert)	C.B. C.P.
Bermann, Josef (Schriftsteller, 19. Jahrhundert)	J.B.
Bernabei, Giuseppe Antonio (1649–1732)	G.A.B.
Beyer, Johann (Giovanni) Samuel (1669–1744)	G.S.B.
Bleyer, Georg (1647– nach 1683)	G.B.
Bode, Johann Joachim Christoph (1730–1793)	J.J.C.B.
Boecklin zu Boecklinsau, Franz Friedrich Siegmund August von (1745–1813)	B.
Böhm, Georg (1661–1733)	G.B.
Bollius, Daniel (um 1590– um 1642)	D.B.
Borrono, Pietro Paolo (16. Jahrhundert)	P.P.B.
Bouchner (Buchner), Johann (1483–1538)	Jo.Bo.

Bowman, Thomas (18. Jahrhundert)	H.E. (Pseudonym)
Boxberg, Christian Ludwig (1670–1729)	C.L.B.
Brätel, Huldrich (Ulrich) (um 1495–1544/45)	H.B.
Brandt, Jobst vom (1517–1570)	J.V.B.
Brassac, René de Béarn, Marquis (18. Jahrhundert)	L.C.D.B.
Briegel, Wolfgang Carl (1626–1712)	W.C.B.
Brocus (Broch), Johannes (15. Jahrhundert)	Jo. Broc.
Brocus (Broch), Nicolaus (15. Jahrhundert)	N.B.
Broderip, Robert († 1808)	R.B.
Bruck, Arnold von (ca. 1490–1554)	A.B.
Brumel, Antoine (ca. 1460–nach 1520)	A.B.
Buchner (Bouchner, Puchner), Johann (Hans) (1483–1538)	H.B. H.P. J.B. J.P. Jo.Bo.

Buel (aus Nürnberg), Christoph († 1631)	C.B.N.
Bütner (Bythner), Crato (1616–1679)	C.B.
Burck, Joachim a (1546–1610)	J.a B.
Burriegel, Johann Georg (18. Jahrhundert)	J.G.B.P.M.
Buttstett, Johann Heinrich (1666–1727)	J.H.B.
Buxtehude Helsingorae, Dietrich (1637–1707)	D.B.H.

C

Cadner, Andreas (17. Jahrhundert)	A.Cad.
Caldara, Antonio (1670–1736)	A.C.
Campanus, M. (17. Jahrhundert)	M.C.
Capreoli, Antonio (16. Jahrhundert)	A.C. Ant. Cap.
Capricornus, Samuel (1628–1665)	S.C.
Cats, Jacob (Dichter, 1577–1660)	J.C.
Cesáreo, Reinardo (Keiser, Reinhard, 1674–1739)	R.C.
Cesena Veronensis, D. Pelegrino (15./16. Jahrhundert)	P.C. P.C.V.
Chiappari, Giuseppe (19. Jahrhundert)	G.C.
Christiani, Benedictus (17./18. Jahrhundert)	B.C. B.Ch.

Clemens non Papa, Jacobus (zwischen 1510 u. 1515–1555/56)	C.N.P.
Clementi, Muzio (1752–1832)	M.C.
Clibano, Nicolas (Nicasius) de († 1497)	N.C.
Clifford, James (1622–1698)	J.C.
Clouet (vgl. Eitner, Bd. 6, S.1)	L.B.C.
Colevelt, J. J. (17. Jahrhundert)	J.J.C.
Courteville, Raphael († 1675)	R.C.
Cousser (Kusser), Johann Sigismund (1660–1727)	J.S.C.
Craen, Nicolaus (16. Jahrhundert)	N.C.
Cramer, David (17. Jahrhundert)	D.C.
Crecquillon, Thomas († 1557)	T.C.
Crelle, August Leopold (1780–1855)	A.L.C.
Crüger, Johann (1598–1663)	J.C.

D

Dalayrac, Monsieur (Nicolas) (1753–1809)	M.Dal.^{xxx} Dal.
Dandré-Bardon, Monsieur († 1785)	M.D.B.
Davies, Thomas (18. Jahrhundert)	T.D. (?)
Dedekind, Constantin Christian (1628–1715)	C.Ch.D.
Deimling, Ernst Ludwig (18. Jahrhundert)	E.L.D. L.E.D.
Delaire, Jacques Auguste (Schriftsteller, 19. Jahrhundert)	J.A.D.
Desessart, Frédéric (18. Jahrhundert)	F.D.
Des Fontaines (Schriftsteller, 18. Jahrhundert)	D.F.
Deßler, Wolfgang Christoph (1660–1722)	W.C.D.

Dezède, Florine (vermutlich 1765– um 1792)	D.Z.
Dezède, Monsieur Nicolas (Alexandre) (1740 oder 1744–1792)	M.D.Z. D.Z.
Disineer (Diesener, Dießener), Gerhard (geb. um 1640)	G.D.
Dietrich, Sixt (1492/94–1548)	S.D.
Dillinger (aus Eisfeld), Johann (1593–1647)	J.D.E.
Doblhof-Dier, Baron Carl von (1762– um 1845)	B.C.D.
Doles (zu Freiberg), Johann Friedrich (1715–1797)	J.F.D.z.F.
Dowland, John (1562–1626)	J.D.
Dragoni, Giovanni Andrea (um 1540–1598)	J.A.D.
Dretzel, Valentin (1578–1658)	V.D.
Ducis, Benedictus (um 1490–1544)	B.D.

Dulichius (aus Chemnitz), Philippus (1562–1631)	Ph.D.Ch.
Duling (ius) Magdeburgensis, Antonius (geb. um 1580)	A.D.M.

E

Earle, William Benson (18. Jahrhundert)	W.B.E.
Eckel, Matthias (16. Jahrhundert)	M.E.
Edelmann, Moritz († 1680)	M.E.
Eidous, Marc-Anton (18. Jahrhundert)	M.E.
Eitelwein, Heinrich (16. Jahrhundert)	H.E. (?)
Elsmann (Cantor in Wolfenbüttel), Heinrich (17. Jahrhundert)	H.E.C.W.

Elst (Augustiner), Pater Jan van der (1598–1670)	P.I.V.E.A.
Endter, Dr. Peter Friedrich (1653–1715)	D.P.F.E.
Erbach, Christian (1570–1635)	C.E.(Er.)
Erich, Ambrosius (16. Jahrhundert)	A.E.
Erlebach, Philipp Heinrich (1657–1714)	P.H.E.
Ermelinda Talia Pastorella Arcada (Pseudonym für: Maria Antonia Walpurgis) (1724–1780)	E.T.P.A.
Ernst Ludwig, Landgraf zu Hessen (1667–1739)	E.L.L.Z.H.

F

Faber, Johann Christoph (18. Jahrhundert)	J.C.F.
Falckenhagen, Bartholomäus (17. Jahrhundert)	B.F.
Festa (Constanzo Festa, um 1480–1545; Sebastiano Festa, gest. 1524)	F.
Feuerlein, Johann Conrad (1629–1704)	M.J.C.F.
Finck, Heinrich (1444/45–1527)	H.F.
Flor, Christian (1626–1697)	C.F.
Fogliano, Jacobo (Giacomo) (1468–1548)	Jac.F.,Ja.F.
Franck, Johann Wolfgang (1644–1696/1719)	J.W.F.
Franck (Silesius), Melchior (um 1580–1639)	M.F.S.

Freundt, Cornelius (um 1535–1591)	C.F.
Friderici, Daniel (1584–1638)	D.F.
Fritsch (aus Leipzig), Balthasar (geb. zwischen 1570 und 1580)	B.F.L.
Fuhrmann, Martin Heinrich (1669– nach 1745)	M.H.F.
Funcke, Friedrich (1642–1699	F.F.

G

Gabrieli, Johann (Giovanni) (1554/57–1612/13)	G.G. J.G.
Gallus (Handl), Jacobus (1550–1591)	J.G.
Gardiner, William (1770–1853)	W.G. (?)
Gehre, A. (17. Jahrhundert)	A.G.

Georg Rudolf, Herzog von Liegnitz (1595–1653)	G.R.H.
Gesius, Bartholomäus (1562–1613)	B.G.
Ghro, Johann (um 1575–1627)	J.G.
Gradenthaler (Kradenthaler), Hieronymus (1637–1700)	H.K.
Gräfe, Johann Friedrich (1711–1787)	J.F.G.
Graff (Grave), Johann Hieronymus (1648–1729)	J.H.G.
Greiter, Matthaeus (um 1495–1550)	M.G.
Grimm Holzminden, Heinrich (1593–1637)	H.G.H.
Guereo (Guerrero), Francisco (1527 oder 1528–1599)	F.G.
Gumpelzhaimer Trostbergensis, Adam (1559–1625)	A.G.T.
Gumpelzhaimer Trostbergensis Boius, Adam (1529–1625)	A.G.T.B.

H

Haertel, Matthaeus (17. Jahrhundert)	M.H.
Hahn, J.P.A. (18. Jahrhundert)	J.P.A.H.
Haiden, Johann Christoph (1572–1617)	J.C.H.
Hainlein, Paul (1626–1686)	P.H.
Hallmann (von Strachwitz) Paul (1600–1650)	P.H.
Hammerschmidt, Andreas (1611/12–1675)	A.H. oder And. Ham.
Hampel, Anton Joseph († 1771)	A.J.H.
Handl (Gallus), Jacob (1550–1591)	J.H.
Hanff, Johann Nicolaus (1665–1711/12)	J.N.H.
Hans von Constanz, Meister (1483–1538)	M.H. von Constanz
Hanway, Jonas (18. Jahrhundert)	J.H.

Harington, Henry (1727–1816)	H.H.
Harsdoerffer, Georg Philipp (1607–1658)	G.P.H.
Hartmann, Heinrich († 1616)	H.H.
Hartwig, G.H. (18. Jahrhundert)	G.H.H.
Hartzer, Balthasar (Balthasar, Resinarius, um 1484–1544)	B.H. (?)
Hasse, Nicolaus (um 1617–1672)	N.H.
Haßler, Hans Leo (1564–1612)	J.L.H.
Haußmann Gerbstädt, Valentin († zwischen 1611 und 1614)	V.H.G.
Heider, Jobst (17. Jahrhundert)	J.H.
Helder, Bartholomäus (um 1585–1635)	B.H.
Hemerl (Hemmerlen), Georg (16. Jahrhundert)	G.H.
Herbst, Johann Andreas (1588–1666)	J.A.H.

Heugel, Hans (Johann) (um 1497–1585)	H.H. J.H.
Heyden, Sebald (1499–1561)	S.H.
Hiller, Johann Adam (1728–1804)	J.A.H.
Hintz, Ewald (17. Jahrhundert)	E.H.
Hofhaimer, Paul (1459–1537)	P.H.
Hofmann, Michael (18. Jahrhundert)	M.H.
Holtheuser Hildburghausen, Johann (16. Jahrhundert)	J.H.H.
Hordisch, Lucas (geb. um 1505)	L.H. (?)
Horn, (Johann) Caspar (um 1630–um 1685)	C.H.
Howett, Gregor (16./17. Jahrhundert)	G.H.
Hucke, Georg (17. Jahrhundert)	G.H.

I

Isaac, Heinrich (um 1450–1517)	H.I.

J

Jacobi, Christian August (18. Jahrhundert)	C.A.J.
Jacobi, Daniel (17. Jahrhundert)	D.J.
Jacobi, Samuel (1652–1721)	S.J.
Jeep, Johann (1581/82–1644)	J.J.
Joachim a Burck (1546–1610)	J.a B.
Justinus à Desponsatione (Justinus Despont, † nach 1733)	J. P.I.C.

K

Kadner, Andreas 17. Jahrhundert)	A.K.
Kegel, Emanuel (1654–1724)	E.K.
Keiser, Reinhard (Cesareo, Reinardo) (1674–1739)	R.C.
Kellner, David (um 1670–1748)	D.K.
Kindermann, Johann Erasmus (1616–1655)	J.E.K.
Klingenstein, Bernhard (1545–1614)	B.K.
Kness, Georg (16. Jahrhundert)	G.K. (?)
Knüpfer, Sebastian (1633–1676)	S.K.
Köler, David (um 1532–1565)	D.K.
Körner, Nikolaus (1658–1702)	N.K. N.Kr.
Konink, Servaas de († 1717/18)	M.D.K. S.D.K.

Kradenthaler (Gradenthaler), Hieronymus (1637–1700)	H.K.
Kraf, Michael (ca. 1590–1662)	M.K.
Krantz, Nikolaus (17. Jahrhundert)	N.K. (?) N.Kr. (?)
Krieger, Adam (1634–1666)	A.K.
Krieger, Johann (1652–1735)	J.K. K. Kr.
Krieger, Johann Philipp (1649–1725)	J.P.K., J.K., K., Kr.
Kropstein, Nikolaus (16. Jahrhundert)	N.K. N.Kr.
Kühnhausen, Johann Georg († 1714)	J.G.K.
Kün, Tobias (16./17. Jahrhundert)	T.K.
Künstel, Georg Friedrich (17. Jahrhundert)	K. (?)
Kuhnau, Johann (1660–1722)	J.K.
Kusser (Cousser), Johann Sigismund (1660–1727)	J.S.C.

L

La Borde, Jean-Benjamin de (1734–1794)	D.L.B.
Lacoste (La Coste), Louis de (um 1675- nach 1757)	D.L.C.
Lambert, Michel (um 1610–1696)	LB.
Landwing, Marcus (1759–1813)	M.L.
Langdon, Richard (ca. 1729–1803)	R.L.(?)
La Place, Pierre Antoine de (18. Jahrhundert)	M.D.L.P.
Lassus, Rudolph de (um 1563-1626)	R.D.L.
La Tour, De (17. Jahrhundert)	D.L.T.
Laujon, Pierre (18.Jahrhundert)	M.L.
Lauro, Hieronymo del (16.Jahrhundert)	H.D.L.
Leoni, Leone (ca. 1560–1627)	L.L.

Le Quointe, Le Révérend Père (1652–1717)	L.R.P.L.Q. (?)
Le Sage de Richée, Philipp Franz (17. Jahrhundert)	P.S.d.R.
Lichterfeld, Peter (17. Jahrhundert)	P.L.
Lichtlein Organist, Wilhelm (um 1585–1668)	W.L.Org.
Löhner, Johann (1645–1705)	J.L.
Löwe, Edward (vg. Eitner, Bd. 3, S. 296)	E.L.
Löwe von Eisenach, Johann Jacob (1629–1703)	J.J.L.V.E.
Löwenstern, Matthaeus Apelles von (1594–1648)	M.A.v.L.
Lohr, Michael (1591–1654)	M.L.
Lonati, Carlo Ambrogio (geb. vermutlich gegen 1645)	C.A.L.
Ludovico Milanese (15. Jahrhundert)	L.M.
Lundsdörffer, Albrecht Martin (17. Jahrhundert)	A.M.L.

Luprano (Lurano), Filippo (Philippo) de (16. Jahrhundert)	F.D.L. F.De.L. P.D.Lu. Phi.de Lu. Philip.deLu. Philip.L.
Lusse, Charles de (geb. ca. 1720)	M.D.L.

M

Maercker (Mercker), Matthias († nach 1622)	M.M.
Mancinus, Thomas (1550–1611/12)	T.M.
Marcou, F. (um 1800)	F.M.(?)
Marenzio, Luca (1553/54–1599)	L.M.
Mathews, James (18. Jahrhundert)	J.M.
Mauke, Christian (17. Jahrhundert)	C.M.
Mayer (Mejer), Johann David (1636–1696)	J.D.M.

Mertel (Organista), Elias (16./17. Jahrhundert)	E.M.O.
Meyer, Joachim (1661–1732)	J.M.
Monsigny, Pierre-Alexandre (1729–1816)	M.M. M^{xxx} Y
Moore, Thomas (1779–1852)	T.M.
Morhardt, Peter († 1685)	P.M.
Moritz, Landgraf von Hessen (1572–1632)	M.L.H.
Mosto, Bernardino di (16./17. Jahrhundert)	B.D.M.
Mozart, Wolfgang Amadeus (1756–1791)	W.A.M.
Müller (in Neuruppin), Ambrosius (17. Jahrhundert)	A.M.N.
Murschhauser, Franz Xaver Anton (1663–1738)	F.X.A.M.
Musculus, Balthasar (17. Jahrhundert)	B.M.
Mylius, Capellmeister in Gotha, Wolfgang Michael (1636–1712/13)	W.M.M.T.C.M.G.(?)

N

Neubauer, Johann (17. Jahrhundert)	J.N.
Neumark, Georg (1621–1681)	G.N. (?)
Neusidler, Melchior (1531–1591/92)	M.N.
Nicolo Pifaro Patavino (16. Jahrhundert)	Ni.Pa. Nico.Pa.(Pat.) N.P. N.Pa.
Nigidius, Michael (16. Jahrhundert)	N., Michael (?)
Nostwitz, Christoph († 1607)	C.N.

O

Oesterreich, Georg (1664–1735)	G.O.
Oswald, James (1711–1768)	J.R.(Pseudonym
Ouvrard, René (1624–1694)	R.O.

P

Pachelbel, Johann (1653–1706)	Joh.Pach., J.P.
Paix (Organista), Aegidius (16. Jahrhundert)	A.P.O.
Paix (Organista), Jakob (1556–nach 1623)	J.P.O.
Paminger, Leonhard (1495–1567)	L.P.
Paumann, Magister Conrad (1410/15–1473)	M.C.P.
Peerson, Martin (1571/73–1650)	M.P.
Peranda, Marco Giuseppe (um 1625–1675)	P.
Perckhofer (Berckhover), Christoph (17. Jahrhundert)	C.P. C.B.
Philippo (Philips) Anglese, Pietro (Peter) (1560/61–1628)	Pe.ph.A.
Pictorius, Johann Friedrich (16. Jahrhundert)	J.F.P.
Pifaro Patavino, Nicolo (16. Jahrhundert)	Ni.Pa. Nico.Pa.(Pat.) N.P. N.Pa.

Pinel (wahrscheinlich Germain Pinel, † 1664)	P.
Pitoni, Giuseppe Ottavio (1657–1743)	G.O.P.
Pixérécourt, René-Charles-Guilbert de (1773–1844)	R.C.G.P.
Playford, Henry (1657–1702)	H.P.
Playford, John (1623–1686)	J.F.
Pohle, David (1624–1695)	D.P.
Praetorius, Michael (1571–1621)	M.P.
Prelleur, Peter (18. Jahrhundert)	P.P.
Profe (Profius), Ambrosius (1589–1661)	A.P.
Puchner (Buchner, Bouchrrer), Johann (Hans) (1483–1538)	H.B. J.B. H.P. J.P. Jo.Bo.

Q

Quantz, Johann Joachim (1697–1773)	J.J.Q.

R

Rab (Rabe), Valentin (16. Jahrhundert)	V.R.
Raphun (Pomeranus Organista Elbingensis), Martin (16./17. Jahrhundert)	M.R.P.O.E.
Raphun (Rebhun), Paul (um 1500–1546)	P.R.
Raubenius Cantor Luckaviensis, Johann Christoph (18. Jahrhundert)	J.C.R.C.L.
Ravenscraft, Thomas (um 1592/93–um 1633)	T.R.
Rebhun (Raphun), Paul (um 1500–1546)	P.R.
Reid, John (1721–1807)	J.R.
Reinardo Cesareo (Reinhard Keiser) (1674–1739)	R.C.

Reineccius, Georg Theodor (1660–1726)	G.T.R. (?)
Reinwald, Eberhard (17./18. Jahrhundert)	E.R. (?)
Reusch, Johann († 1582)	J.R.
Reusner, Esaias (1636–1679)	E.R.
Ribock, J.J.H. (18. Jahrhundert)	J.J.H.R.
Ritter, Peter (1763–1846)	P.R.
Rosenmüller, Johann (um 1619–1684)	J.R.
Rossetus, Antonius (16. Jahrhundert)	A.Ross.
Rossino Mantovano (15./16. Jahrhundert)	R.M. Rossi.Man.
Rousseau, Jean-Jacques (1712–1778)	J.J.
Royer de Villerie, Chevalier (18. Jahrhundert)	R.^{xxx}(de)
Rudolph Erzherzog von Österreich (1788–1831)	R.E.H.
Ruphy, Jacob Franz (18. Jahrhundert)	J.F.R.

S

Salvioni (Salvini) Gesinta, Giuseppe (18. Jahrhundert)	G.S.G.
Sartorius (Cantor Hamburgensis), Erasmus (1577–1637)	E.S.C.H.
Scacchi, Marco (1602– um 1685)	M.S.
Scandello, Antonio (1517–1580)	A.S.
Schachinger (Schechinger), Johann (1485–um 1558)	J.S.
Schechinger (Schachinger), Johann (1485–um 1558)	J.S.
Scheffer, Johann Wilhelm (17. Jahrhundert)	J.W.S.
Scheidemann, Heinrich (um 1596–1663)	H.S.
Scheidt, Samuel (1587–1654)	S.S.

Schein, Johann Hermann (1586–1630)	J.H.S.
Schelle, Johann (1648–1701)	J.S.
Schildt, Melchior (1592/93–1667)	M.S.
Schmetzer, Georg (1642–1697)	G.S.
Schmierer, Johann Abraham (um 1660–nach 1700)	J.A.S.
Schönfelder, Jörg (16. Jahrhundert)	J.S.
Schütz, Gabriel (1633–1710)	G.S.
Schütz, Georg Gabriel (1670–1716)	G.G.S.
Schütz, Heinrich (1585–1672)	H.S.
Schütz, Jacob Balthasar (1661–1700)	J.B.S.
Schultheiß, Benedikt (1653–1693)	B.S.
Schulze, Christian Andreas (um 1660–1699)	C.A.S.
Schwartz Francus, Andreas (16. Jahrhundert)	A.S.
Schwemmer, Heinrich (1621–1696)	H.S.

Schwenckenbecher Cantor, Günter (1651–1714)	G.S.C.
Scotto (Scotus) Cantus et Verba, Paulus (16. Jahrhundert)	P.S. Cant. et Verba
Segar, Francis (16. Jahrhundert)	F.S.
Selich (aus Wittenberg), Daniel (1581–1626)	D.S. (W.)
Selle, Thomas (1599–1663)	T.S.
Senfl, Ludwig (um 1486–1542/43	L.S.
Sixtus Theodorius (Sixt Dietrich) (1492/94–1548)	S.T.
Slatyer, William (17. Jahrhundert)	W.S.
Sohren, Peter (um 1630–1692)	P.S.
Speed, John (Historiker, 1552–1629)	J.S.
Staden, Sigismund Theophil (1607–1655)	S.T.S.
Steier Leovallae, Sylvester (16. Jahrhundert)	S.S.L.
Steigleder, Adam (1561–1633)	A.S.

Stephani, Christian (17. Jahrhundert)	C.S.
Stevens, George Alexander (18. Jahrhundert)	G.A.S.
Steyer (Societas Jesu), Matěj Vaclav (17. Jahrhundert)	M.S.S.J.
Stölzel, Gottfried Heinrich (1690–1749)	G.H.S.
Störl, Johann Georg Christian (1675–1719)	J.G.C.S.
Stolle Calegiensis, Johann (um 1566–1614)	J.S.C.
Stoltzer, Thomas († 1526)	T.S.
Stringarius Patavinus, Antonius (15./16. Jahrhundert)	Antonius Pata. Ant. Pata. Ant. String. Patavinus
Stüx (Styx), Sebastian (17. Jahrhundert)	S.S.
Suett, Richard (18. Jahrhundert)	R.S.(?)
Sulcius, Georg (16./17. Jahrhundert)	G.S.
Supp, Jacob (17. Jahrhundert)	J.S.

Swaen, Guillaume de (17. Jahrhundert)	G.D.S.
Szamotulczyk, Waclav (Venceslaus) († 1560)	V.S.

T

Tauscher, J.G. († 1801)	J.G.T.
Telemann, Georg Philipp (1681–1767)	G.P.T. T.J.P.
Tempelhof, Georg Friedrich (18. Jahrhundert)	G.F.T.
Thielo, Carl August (1707–1763)	C.A.T.
Thieme, Clemens (1631–1668)	C.T.
Thompson, Nathaniel (17. Jahrhundert)	N.T.
Tromboncino, Bartholmeo (um 1470–nach 1535)	B.T.
Troupenas, Eugène (Théodore) (1799–1850)	E.T.

Tunder, Franz (1614–1667)	F.T.
Tyard (Thiart), Pontus de (1521–1605)	P.D.T.

U

Ulich, Johann (geb. 1634)	J.U.C.M.D.
Usper, Francesco († 1641)	F.V.

V

Venetus, Franciscus (d.i.Francesco Ana, 15./16. Jahrhundert)	F.V.
Vetter, Andreas Nicolaus (1666–1734)	A.N.V.
Vetter, J.N. (17./18. Jahrhundert)	J.N.V.
Villerie, Chevalier Royer de (18. Jahrhundert)	R^{xxx}(de)

Vintzius (Organista), Georg (17. Jahrhundert)	G.V.O.
Volckmar, Michel (15. Jahrhundert)	M.V.
Vollrad (Vollart) Cygnensis, Tobias (17. Jahrhundert)	T.V.C.
Vulpius, Melchior (um 1570–1615)	M.V.

W

Walter, Johann (1496–1570)	J.W.
Wecker, Georg Caspar (1632–1695)	G.C.W.
Weckmann, Matthias (1621–1674)	M.W.
Weichmann, Johann (1620–1652)	J.W.
Weissenberger, Albert (16. Jahrhundert)	A.W.

Weißensee, Friedrich (um 1560–1622)	F.W.
Westhoff, Friedrich von (1611–1694)	F.W.
Widmann, Erasmus (1572–1634)	E.W.
Wiese, Baron Christian Ludwig Gustav von (1732–1800)	B.de W. B. von W.
Wircker (Oschaciensis), Johann (16. Jahrhundert)	J.W.O.
Witt, Christian Friedrich (um 1660–1716)	C.F.W.
Wockenfuß, Petrus Laurentius (1675–1721)	P.L.W.
Wüst, Paul (vor 1475–nach 1536)	P.W.

Z

QUELLEN – ANHANG

Das folgende Verzeichnis erfaßt die benutzten Bibliothekskataloge und Schriften zur Quellenüberlieferung der Musik. Nicht angeführt sind die bekannten Musiklexika und die kritischen Berichte der Gesamtausgaben.

INHALT

A. BIBLIOTHEKSKATALOGE

I. Gesamtkataloge (Zentralkataloge)

Kataloge einzelner Bibliotheken siehe unter Abschnitt II

1. Internationale Gesamtkataloge

Eitner, Robert mit F.X.Haberl, A.Lagerberg u. C.F.Pohl
Bibliographie der Musiksammelwerke des 16. und 17. Jahrhunderts. Berlin 1877. Nachdrucke: New York 1950, Superior (Wisconsin) 1954 (als Mikrofilm), Hildesheim 1963.

Eitner, Robert
Biographisch-Bibliographisches Quellenlexikon der Musiker und Musikgelehrten der christlichen Zeitrechnung bis zur Mitte des 19. Jahrhunderts, 10 Bände, Leipzig 1900–1904, Nachdrucke: New York 1947, Wiesbaden und Graz 1959/60 (11 Bände). (Mit einer Fülle von Mongrammen).

Springer, Hermann, Max Schneider und Werner Wolffheim (Hrsg.)
Miscellanea Musicae Bio-bibliographica. Musikgeschichtliche Quellennachweise als Nachträge und Verbesserungen zu Eitners Quellenlexikon. In Verbindung mit der Bibliographischen Kommission der Internationalen Musikgesellschaft herausgegeben. Jahrgang 1–3 (je 4 Hefte, mehr nicht erschienen), Leipzig 1912–1916. Nachdrucke: New York 1947, Wiesbaden und Graz 1960.

Eitner, Robert (Redakteur)
Monatshefte für Musikgeschichte, 37 Jahrgänge, Berlin, später Leipzig 1869–1906, Nachdruck New York 1966 (mit zahlreichen Katalogen verschiedener Bibliotheken und Musiker).

Répertoire International des Sources Musicales (RISM)
Internationales Quellenlexikon der Musik. Publié par la Société Internationale de Musicologie et l'Association Internationale des Bibliothèques Musicales. München, Duisburg und Kassel 1960ff. (In München, Duisburg erscheinen alle Teile und Bände des RISM, die geschlossene Quellengruppen (Sachgruppen) umfassen, in Kassel diejenigen Teile und Bände, die den alphabetischen Autorenkatalog betreffen).

Sartori, Claudio
Bibliografia della musica strumentale italiana stampata in Italia fino al 1700, Band I, Florenz 1952, Band II ebenda 1968 (Biblioteca di Bibliografia Italiana XXIII und LVI).

Gesamtkatalog der Wiegendrucke
Herausgegeben von der Kommission für den Gesamtkatalog der Wiegendrucke. Bd. 1–8, Lieferung 1. Leipzig 1925–1940, Band 1–7, 2. Auflage 1968. Fortsetzung durch die Deutsche Staatsbibliothek Berlin, 1972ff. Für die Musikforschung von erheblichem, jedoch nicht genügend erkanntem Gewicht.

2. Nationale Gesamtkataloge

Mit berücksichtigt sind nicht nur spezielle, die Musik ausschließlich betreffende Werke, sondern auch Kataloge von gemischten Beständen (Musikbestände und nicht die Musik betreffende Bestände)

Belgien

Catalogue général des manuscrits des bibliothèques de Belgique, 5 Bände, Gembloux 1934–1939.

Polain, Louis
Catalogue des livres imprimés au XVe siècle des bibliothèques de Belgique, Volume 1–4, Brüssel 1932.

Van den Borren, Charles
Inventaire des manuscrits de musique polyphonique qui se trouvent en Belgique. In: Acta Musicologica V/VI, 1933/34.

Deutschland und Österreich

Gesamtkatalog der Preußischen (später: Deutschen und Österreichischen) Bibliotheken. Herausgegeben von der Preußischen Staatsbibliothek, Band 1 ff., Berlin 1931 ff., ab Band IX: Deutscher Gesamtkatalog, Berlin 1936 ff. Ohne Berücksichtigung von Musikalien, jedoch mit Aufnahme von Musiktheoretica und Libretti. Bis 1939 erschienen 14 Bände (A-Beethordnung). Fortsetzung durch die Berliner Titeldrucke, Fünfjahreskatalog 1930–1939, seit 1935 unter dem Titel: Deutscher Gesamtkatalog. Neue Titel. Erschien 1940–1943 in Jahresbänden. – Nach dem Krieg erschienen: Berliner Titeldrucke. Neue Folge, für 1954 ff., Berlin 1956 ff. (Neuerwerbungen ausländischer Literatur der wissenschaftlichen Bibliotheken der DDR).

Ein wichtiges Hilfsmittel:

Namenschlüssel. Die Verweisungen von Pseudonymen, Doppelnamen und Namensabwandlungen, 3. Ausgabe, Berlin 1941 (Deutscher Gesamtkatalog. Neue Titel 1941. Sonderband), Nachdruck Hildesheim 1965, Ergänzungsband für 1941–1965, Hildesheim 1968.

Für Musikalien vgl. R. Eitner, RISM usw. im Abschnitt I des vorliegenden Anhangs.

Frankreich

Catalogue général des manuscrits des bibliothèques des départements de France, Paris seit 1849.

Pellechet, Marie
Catalogue général des incunables des bibliothèques publiques de France, Tome 1–3 (T.2/3 herausgegeben von L. Polain), Paris 1897–1909 (nur bis Gregorius Magnus erschienen).

Großbritannien

Schnapper, Edith B. (Herausgeber)
The British Union Catalogue of Early Music Printed Before the Year 1801, A record of the holdings of over one hundred libraries throughout the British Isles, 2 Bände, London 1957.

Italien

Bollettino dell' Associazione dei Musicologi Italiani. Catalogo delle opere musicali, teoriche e pratiche, manoscritte o stampate, di autori vissuti sino ai primi decenni del secolo XIX, esistenti nelle biblioteche e negli archivi pubblici e privati d'Italia, Parma 1911 [1909] –1941.

Sorbelli, A. (Herausgeber)
Inventari dei manoscritti delle biblioteche d'Italia, Forli 1890 ff.

Guarnaschelli, T. M. und E. Valenziani
Indice generale degli incunabili delle biblioteche d'Italia, Volume 1ff., Rom 1943 ff.

Primo catalogo collettivo delle biblioteche italiane.
Volume 1ff., Rom 1961ff. (Gesamtkatalog des theoretischen Schrifttums für den Berichtszeitraum 1500–1957, ohne Musikalien).

Vogel, Emil
Bibliothek der gedruckten weltlichen Vocalmusik Italiens aus den Jahren 1500–1700, 2 Bände, Berlin 1892, Nachdruck (mit Zusätzen von A. Einstein) Hildesheim 1962, Ergänzungen von E. Hilmar bzw. L. Bianconi in: Analecta Musicologica IV (1967), V (1968), IX (1970), XII (1973).

Sartori, Claudio
Bibliografia della musica strumentale italiana stampata in Italia fino al 1700, 2 Bände, Florenz 1952 und 1968 (Biblioteca di bibliografia italiana XXIII, LVI).

Schweden

Davidsson, Åke
Catalogue critique et descriptif des imprimés de musique des XVIe et XVIIe siècles conservés dans les bibliothèques suédoises (Excepté la Bibliothèque de l'université Royale d'Upsala), Upsala 1952 (Studia Musicologica Upsaliensia 1).

Davidsson, Åke
Catalogue critique et descriptif des ouvrages théoriques sur la musique imprimés au XVIe et au XVIIe siècles et conservés dans les bibliothèques suédoises, Upsala 1953 (Studia Musicologica Upsaliensia 2).

USA und Kanada

Albrecht, Otto Edwin
A Census of Autograph Music Manuscripts of European Composers in American Libraries, Philadelphia 1953.

Goff, Frederick R.
Incunabula in American Libraries, New York 1964.

Stillwell, Seymour de
Census of Medieval and Renaissance Manuscripts in the United States and Canada, 3 Bände, New York 1935–1940.

The National Union Catalog
A Cumulative Author List Represented by Library of Congress Printed Cards and Titles Reported by Other American Libraries, Volume 1ff., Washington 1956ff. Enthält Theoretica. Musikalien in selbständigen Bänden.

The National Union Catalog. Music and Phonorecords
Diese Serie der Musikalien und Schallplatten ist am besten zu benutzen in den Mehrjahreszusammenfassungen des National Union Catalog, so z.B. für den Berichtszeitraum 1953–1957 als Volume 27, Ann Arbor 1958, für 1958–1962 als Volume 51–52, ebd. 1963, usw.

Vgl. auch den Library of Congress Catalog, siehe Abschnitt II (Kataloge einzelner Bibliotheken).

II. Kataloge einzelner Bibliotheken

Auswahl grundlegender Werke bemerkenswerter Bibliotheken (nach Städten geordnet)

Amsterdam

Catalogus van de bibliotheeken der Maatschappij tot bevordering der toonkunst en der Vereeniging voor Noord-Nederlands muziekgeschiedenis, Amsterdam 1884; Supplement 1895; S. Bottenheim, Catalogus van de bibliotheek der Vereeniging . . ., ebd. 1919.

Assisi

Cl. Sartori, Assisi. La capella della Basilica di S. Francesco, Band I: Catalogo del fondo musicale nella Biblioteca comunale di Assisi, Mailand 1962 (Bibliotheca musicae 1).

Augsburg

H. M. Schletterer, Katalog der in der Kreis- und Stadtbibliothek, dem städtischen Archive und der Bibliothek des Historischen Vereins zu Augsburg befindlichen Musikwerke, Berlin 1878/79 (Beilage zu den Monatsheften für Musikgeschichte 10/11); Cl. Gottwald, Die Musikhandschriften der Staats- und Stadtbibliothek Augsburg (einschließlich der Liturgica mit Notation), Wiesbaden 1974 (Handschriftenkataloge der Staats- und Stadtbibliothek Augsburg 1).

Barcelona

F. Pedrell, Catàlech de la Biblioteca musical de la Diputaciò de Barcelona . . ., Volume 1–2, Barcelona 1908–1909; H. Anglès, Catàleg dels manuscrits musicals de la colecció Pedrell, ebd. 1920 (Publicaciones del departamento de música 2); derselbe in: Catàleg de las colecciónes de la Biblioteca Central de la Provincia de Barcelona 5, ebd. 1941.

Basel

J. Richter, Katalog der Musik-Sammlung auf der Universitäts-Bibliothek in Basel (Schweiz). Verzeichnet und beschrieben im Jahre 1888, Leipzig 1892 (Beilage zu den Monatsheften für Musikgeschichte); (E. Refardt), Katalog der Musikabteilung der öffentlichen Bibliothek der Univ. Basel, Band 1, Basel 1925; derselbe, Thematischer Katalog der Instrumentalmusik des 18. Jahrhunderts in den Handschriften der Universitätsbibliothek Basel, Bern 1957 (Publikationen der Schweizerischen Musikforschenden Gesellschaft II. 6).

Berlin

Die Handschriften-Verzeichnisse der Königlichen Bibliothek zu Berlin, 24 Bände, Berlin 1853–1919 (ohne Berücksichtigung der Musikhandschriften, jedoch unter Angabe der Theoretiker-Handschriften); G. Thouret, Katalog der Musiksammlung auf der Königlichen Hausbibliothek, Leipzig 1895; R. Eitner, Katalog der Musiksammlung des Joachimsthalschen Gymnasiums zu Berlin, Berlin 1884 (Beilage zu den Monatsheften für Musikgeschichte 16); E. R. Blechschmidt, Die Amalien-Bibliothek, Phil.Diss.Berlin 1963, ebd. 1965 (Berliner Studien zur Musikwissenschaft 8); R. Jacobs und R. Eitner, Thematischer Katalog der von Thulemeierschen Musikalien-Sammlung, ebd. 1898/99 (Beilage zu den Monatsheften für Musikgeschichte 30/31); P. Kast, Die Bach-Handschriften der Berliner Staatsbibliothek, Trossingen 1958 (Tübinger Bach-Studien 2/3); L. Schierning, Die Überlieferung der deutschen Orgel- und Klaviermusik . . ., Kassel 1961 (Schriften des Landesinstituts für Musikforschung Kiel 12); Staatsbibliothek Preußischer Kulturbesitz, Kataloge der Musikabteilung, herausgegeben von R. Elvers, Berlin (im Erscheinen); weitere Literatur bei R. Schaal, Führer durch deutsche Musikbibliotheken, Wilhelmshaven 1971 (Taschenbücher zur Musikwissenschaft 7).

Bologna

G. Gaspari u.a., Catalogo della biblioteca del Liceo musicale di Bologna, 5 Bände, Bologna 1890–1943, Nachdruck der Bände 1–4, herausgegeben von A. Forni, mit Berichtigungen von N. Fanti, O. Mischiati und L. F. Tagliavini, ebd. 1961.

Brandenburg

J. F. Taeglichsbeck, Die musikalischen Schätze der St. Katharinenkirche zu Brandenburg, in: Programm des Brandenburger Gymnasiums, Brandenburg 1857 (Ostern), S. 1–50.

Breslau (Wroclaw)

E. Bohn, Bibliographie der Musik-Druckwerke bis 1700, welche in der Stadtbibliothek, der Bibliothek des Akademischen Instituts für Kirchenmusik und der Königlichen Universitätsbibliothek zu Breslau aufbewahrt werden, Breslau 1883, Nachdruck Hildesheim 1969; derselbe, Die musikalischen Handschriften des 16./17. Jahrhunderts in der Stadtbibliothek zu Breslau, Breslau 1890, Nachdruck Hildesheim 1970; F. Kuhn, Beschreibendes Verzeichnis der alten Musikalien . . . zu Brieg, Leipzig 1897 (Beilage zu den Monatsheften für Musikgeschichte 1896/97).

Bruxelles (Brüssel)

A. Wotquenne, Catalogue de la Bibliothèque du Conservatoire Royal de musique, 4 Bände und Supplement, Brüssel 1898–1912; Catalogue de la Bibliothèque de Fr. J. Fétis (Bibliothèque Royale de Belgique), Brüssel 1877; J. van den Gheyn, Catalogue des manuscrits de la Bibliothèque Royale de Belgique, 13 Bände, ebd. 1901–1948; Ch. van den Borren, Inventaire des manuscrits de musique polyphonique qui se trouvent en Belgique, in: Acta Musicologica 5/6, 1933/34; B. Huys, Catalogue des imprimés musicaux des XVe, XVIe et XVIIe siècles. Fonds général. Bibliothèque Royale de Belgique, Brüssel 1965, Supplement 1974; derselbe, Catalogue des imprimés musicaux du XVIIIe siècle, ebd. 1974.

Cambridge

J. A. Fuller Maitland und A. H. Mann, Catalogue of the Music in the Fitzwilliam Museum, London 1893; A. Hughes, Catalogue of the Music Manuscripts at Peterhouse, Cambridge 1953.

Dresden

R. Eitner und R. Kade, Katalog der Musiksammlung der Königlichen Öffentlichen Bibliothek zu Dresden, Leipzig 1889/90 (Beilage zu den Monatsheften für Musikgeschichte 21/22); A. Reichert, Die Originalhandschriften der Musikabteilung, in: Katalog der

Handschriften der Sächsischen Landesbibliothek, Band 4, Leipzig 1923, S. 195–250; W. Steude, Die Musiksammelhandschriften des 16. und 17. Jahrhunderts in der Sächsischen Landesbibliothek zu Dresden, Leipzig bzw. Wilhelmshaven 1974 (Quellenkataloge zur Musikgeschichte 6).

Florenz

B. Becherini, Catalogo dei manuscritti musicali della Biblioteca Nazionale di Firenze, Kassel, Basel 1959.

Frankfurt a.M.

C. Israel, Die musikalischen Schätze der Gymnasialbibliothek und der Peterskirche zu Frankfurt a.M., in: Programm des städtischen Gymnasiums zu Frankfurt a.M., Ostern 1872, Frankfurt a.M. 1872, S. 1–97; C. Süß und P. Epstein, Kirchliche Musikhandschriften des 17. und 18. Jahrhunderts in der Stadtbibliothek, Frankfurt 1926.

Freiberg

O. Kade, Die älteren Musikalien der Stadt Freiberg in Sachsen, Leipzig 1888 (Beilage zu den Monatsheften für Musikgeschichte).

Schloß Harburg/Schwaben

G. Haberkamp (Herausgeber), Thematischer Katalog der Musikhandschriften der Fürstlich Oettingen-Wallerstein'schen Bibliothek Schloß Harburg, München 1976 (Kataloge Bayerischer Musiksammlungen 3).

Jena

K. E. Roediger, Die geistlichen Musikhandschriften der Universitätsbibliothek Jena, Jena 1935 (Claves Jenenses 3).

Kassel

Deutsches Musikgeschichtliches Archiv Kassel, Mitteilungen und Kataloge der Filmsammlung, herausgegeben von H. Heckmann, Kassel seit 1955.

Königsberg

J. Müller, die musikalischen Schätze der Königlichen und Universitätsbibliothek zu Königsberg i.Pr. aus dem Nachlasse Friedrich August Gottholds, Bonn 1870, Nachdruck Hildesheim 1976

London

E. B. Schnapper (Herausgeber), The British Union Catalogue of Early Music Printed Before the Year 1801, A record of holdings of over one hundred libraries throughout the British Isles, 2 Bände, London 1957; A. Hughes-Hughes, A Catalogue of Manuscript Music in the British Museum, 3 Bände, London 1906–1909; W. B. Squire, Catalogue of Printed Music, Published between 1487 and 1800 now in the British Museum, 2 Bände und Supplement, London 1912, 2. Suppl. 1940; sämtliche gedruckten Theoretica sind berücksichtigt im: Catalogue of the Printed Books in the Library of the British Museum, Teil 1–393 in 95 Bänden, Supplement 1–44 in 13 Bänden, London 1881–1905, Nachdruck Ann Arbor 1946–50; Neuausgabe und Ergänzung als: British Museum. General Catalogue of Printed Books, Volume 1–51, London 1931–1954; Fortsetzung als: General Catalogue of Printed Books, Photolithographic Edition to 1955, 263 Bände, ebd. 1959–1966; Neuzugänge als: Additions 1956–1965, 50 Bände, ebd. 1968; Fortsetzung in Fünfjahresverzeichnissen, ebd. 1971 ff. – W. B. Squire und H. Andrews, Catalogue of the King's Music Library, 3 Bände, ebd. 1927–1929.

Lüneburg

F. Welter, Katalog der Musikalien der Ratsbücherei Lüneburg, Lippstadt 1950.

Madrid

H. Anglès und J. Subira, Catálogo Musical de la Biblioteca Nacional de Madrid, 3 Bände, Barcelona 1946–1951.

München

J. J. Maier, Die musikalischen Handschriften der Königlichen Hof- und Staatsbibliothek in München I: Die Handschriften bis zum Ende des 17. Jahrhunderts, München 1879 (Catalogus codicum manu scriptorum Bibliothecae Regiae Monacensis 8, 1); M. L. Martinez-Göllner, Die Augsburger Bibliothek Herwart und ihre Lautentabulaturen. Ein Musikbestand in der Bayerischen Staatsbibliothek, in: Fontes Artis Musicae 16, 1969, S. 29–48; Catalogus codicum manu scriptorum Bibliothecae Regiae Monacensis, München 1858ff., teilweiser Neudruck Wiesbaden 1968ff.; Kataloge Bayerischer Musiksammlungen, Band 1ff., München 1971 ff.; R. Schaal, Die vor 1800 gedruckten Libretti des Theatermuseums München, in: Die Musikforschung 10–14, 1957–1961, separate Buchausgabe 1963; C. Gottwald, Die Musikhandschriften der Universitätsbibliothek München, Wiesbaden 1968 (Die Handschriften der Universitätsbibliothek München, Band 2).

Münster

K. G. Fellerer, Verzeichnis der kirchenmusikalischen Werke der Santini'schen Sammlung, in: Kirchenmusikalisches Jahrbuch 26–33, 1931–1938 (unvollständig); W. Wörmann, Katalog der Santini-Bibliothek, 3 Bände, Münster o.J., maschinenschriftlich.

Nürnberg

H. Zirnbauer, Der Notenbestand der Reichsstädtischen nürnbergischen Ratsmusik, Nürnberg 1959 (Veröffentlichungen der Stadtbibliothek 1).

Paris

J. Ecorcheville, Catalogue du fonds de musique ancienne de la Bibliothèque Nationale, 8 Bände, Paris 1910–1914; Ph. Lauer, Catalogue général des manuscrits latins, 2 Bände, Paris 1939/40; die gedruckten Theoretica sind verzeichnet im Catalogue général des livres imprimés de la Bibliothèque Nationale, Paris 1897–1964, laufende Fortsetzung in Fünfjahres-Serien seit 1965 (für 1960–1964)ff.; J. B. Weckerlin, Bibliothèque du Concervatoire National de musique et de déclamation, Catalogue bibliographique de la réserve, Paris 1885, Nachdruck Hildesheim 1973; L. de La Laurencie, Inventaire critique du fonds Blancheton de la Bibliothèque du Conservatoire de musique de Paris, 2 Bände, Paris 1930/31 (Publications de la Société française de musicologie II, 2); L. de la Laurencie und A. Gastoué. Catalogue des livres de musique de la Bibliothèque de l'Arsenal à Paris, ebd. 1936 (Publications de la Société française de musicologie II, 7); Th. Lajarte, Bibliothèque musicale du Théâtre de l'Opéra, Catalogue historique, chronologique, anecdotique, 2 Bände, ebd. 1878, Nachdruck Hildesheim 1969 und Genf 1969; E. Poirée und G. Lamouroux, Les éléments d'une grande bibliothèque. Catalogue abrégé de la Bibliothèque Sainte-Geneviève Band 1–3, Paris 1889–1896.

Prag

V. Plocek, Catalogus codicum notis musicis instructorum qui in Bibliotheca publica rei publicae Bohemicae socialisticae in Bibliotheca universitatis Pragensis servantur (Editionem redegit F. Mužik), 2 Bände, Prag 1973.

Rom

Biblioteca Apostolica Vaticana codicibus manuscriptis recensita, Rom 1885 ff.; F. X. Haberl, Bibliographischer und thematischer Musikkatalog des päpstlichen Kapellarchivs im Vatikan, Leipzig 1888 (Beilage zu den Monatsheften für Musikgeschichte 20), separate Buchausgabe als: Bausteine für Musikgeschichte, Band 2, ebd. 1888, Nachdruck Hildesheim 1970; J. M. Llorens, Capellae Sixtinae codices . . . , Rom 1960 (Biblioteca Apostolica Vaticana, Studi e testi 202); derselbe, Le opere musicali della Cappella Giulia I: Manoscritti e edizioni fino al '700, ebd. 1971 (Studi e testi 265); A. Bertini, Catalogo dei fondi musicale Chitie Corsiano, ebd. 1964 (Bibliotheca musicae 2).

Schwerin

O. Kade, Die Musikaliensammlung des Großherzoglichen Mecklenburg-Schweriner Fürstenhauses, 2 Bände, Schwerin 1893; derselbe, Der musikalische Nachlaß . . . der Frau Erbgroßherzogin Auguste von Mecklenburg-Schwerin, ebd. 1899, Nachdruck beider Titel Hildesheim 1974.

Stuttgart

C. Gottwald, Codices musici, Wiesbaden 1964 (Die Handschriften der Württembergischen Landesbibliothek Stuttgart, Erste Reihe, Band 1); derselbe, Die Handschriften der ehemaligen Königlichen Hofbibliothek, Codices musici (ebd., Zweite Reihe, Band 6, 1, 1965).

Uppsala

R. Mitjana und Å. Davidsson, Catalogue critique et descriptif des imprimés de musique des 16e et 17e siècles conservés à la Bibliothèque de l'Université Royale d'Upsala, 3 Bände, Upsala 1911–1951; Å. Davidsson, Catalogue of the Gimo Collection of Italian Manuscript Music in the University Library of Uppsala, ebd. 1963 (Acta Bibliothecae R. Universitatis Upsaliensis 14).

Washington

O. G. Th. Sonneck, Catalogue of Opera Scores, Washington 1912; derselbe, Catalogue of Opera Librettos Printed Before 1800, 2 Bände, ebd. 1914, Nachdruck 1967; derselbe, Dramatic Music, Catalogue of Full Scores in the Collection of the Library of Congress, ebd. 1908, Nachdruck 1969; derselbe, Orchestral Music Catalogue, Scores in the Collection of the Library of Congress, ebd. 1912, Nachdruck 1969; J. Gregory, Catalogue of Early Books on Music (before 1800), ebd. 1913, Supplement von H. Bartlett, ebd. 1944; A Catalog of Books Represented by Library of Congress Printed Cards, 167 Bände, 24 Supplemente, Ann Arbor 1942–1948 (berücksichtigt auch die gedruckten Musikalien), Fortsetzung als: The Library of Congress Author Catalog, 24 Bände, ebd. 1953 (für 1948–1952)–1955; die Musik wird von 1953 ab erfaßt in der Serie: Library of Congress, Music and Phonorecords, Band 1ff., Washington 1953ff. Der Hauptkatalog wurde 1956 zum National Union Catalog erweitert (siehe Abschnitt I, 2), in dessen Rahmen Music and Phonorecords in den Fünfjahreszusammenfassungen erscheinen (seit 1958).

Wien

J. Mantuani, Codicum musicorum pars I/II, Wien 1897–1899 (Tabulae codicum manu scriptorum ... IX/X); R. Haas, Die Estensischen Musikalien, Regensburg 1927, Nachdruck ebd.; derselbe, Archiv für Photogramme musikalischer Meisterhandschriften, Verzeichnis der Aufnahmen, Wien 1928; F. W. Riedel, Das Musikarchiv im Minoritenkonvent zu Wien, Kassel 1963 (Catalogus musicus I); Tabulae Musicae Austriacae, Band 1ff., Wien 1964 ff.

Wolfenbüttel

E. Vogel, Die Handschriften nebst den älteren Druckwerken der Musikabteilung der Herzoglichen Bibliothek zu Wolfenbüttel, Wolfenbüttel 1890 (Die Handschriften der Herzoglichen Bibliothek zu Wolfenbüttel, Band 10); W. Schmieder und G. Hartwieg, Musik. Alte Drucke bis etwa 1750, 2 Bände, Frankfurt a.M. 1967 (Kataloge der Herzog-August-Bibliothek. Neue Reihe, Band 12/13).

Zürich

G. Walter, Katalog der gedruckten und handschriftlichen Musikalien des 17. bis 19. Jahrhunderts im Besitze der Allgemeinen Musikgesellschaft Zürich, Zürich 1960; L. C. Mohlberg, Katalog der Handschriften der Zentralbibliothek Zürich, Zürich 1932–1950 (Mittelalterliche Handschriften).

Zwickau

R. Vollrath, Bibliographie der Musik-Werke in der Ratsschulbibliothek zu Zwickau, Leipzig 1896 (Beilage zu den Monatsheften für Musikgeschichte 25–28, 1893–1896).

B. SCHRIFTTUM

I. Zur verkleideten Literatur

(Anonyme, Monogramme, Pseudonyme usw.)
Ohne speziell musikwissenschaftliches Schrifttum (für dieses siehe Absatz II)

Barbier, Antoine Alexandre
Dictionnaire des ouvrages anonymes et pseudonymes, 4 Bände, Paris 1806–1808, 3. Auflage, ebd. 1872–1879 (4 Bände), Nachdruck der 3. Auflage, Hildesheim 1963 (Zugleich Band 1–4 von J.-M. Quérard, Les Supercheries littéraires dévoilées, s.u.).

Brunet, Gustave
Dictionnaire des ouvrages anonymes suivi des Supercheries littéraires dévoilées, Paris 1889, Nachdruck Hildesheim 1965 (beigebunden dem Werk von J.-M. Quérard, s.u.)

Cushing, William
Initials and Pseudonyms, A Dictionary of Literary Disguises, 2 Bände, New York und London 1886–1888, Nachdruck Hildesheim 1969.

Cushing, William
Anonyms, A Dictionary of Revealed Authorship, Cambridge (Mass.) 1889, Nachdruck Hildesheim 1969.

Doorninck, J. I. van
Vermomde en naamlooze schrijvers opgespoord op het gebied der Nederlandsohe en Vlaamsche letteren, 2. Ausgabe, 2 Teile, Leiden 1883–1885.

Franklin, Alfred Louis Auguste
Dictionnaire des noms, surnoms et pseudonymes latines de l'histoire littéraire du moyen-âge (1100–1530), Paris 1875, Nachdruck Hildesheim 1966.

Frattarolo, R.
Anonimi e pseudonimi. Repertorio delle bibliografie nazionali, Con un dizionario degli scrittori italiani (1900–1954), Caltanissetta-Rom 1955.

Halkett, S. and J. Laing
Dictionary of Anonymous and Pseudonymous English Literature, New and Enlarged Edition by J. Kennedy, W. A. Smith and F. A. Johnson, 9 Bände, Edinburgh 1926–1962. Umfaßt den Zeitraum bis 1949. Seit 1950 sind Auflösungen in der British National Bibliography enthalten.

Holzmann, Michael and Hanns Bohatta
Deutsches Anonymen-Lexikon 1501–1926, 7 Bände, Weimar 1902–1928, Nachdruck Hildesheim 1961.

Holzmann, Michael und Hanns Bohatta
Deutsches Pseudonymen-Lexikon, Wien und Leipzig 1906, Nachdruck Hildesheim 1962, 2. Nachdruck 1970 ebd.

Kempenaer, A. de
Vermomde Nederlandsche en Vlaamsche schrijvers, Leiden 1928.

Le Court, J. V. de
Dictionnaire des anonymes et pseudonymes, XVe siècle–1900, Brüssel 1960.

Melzi, Gaetano
Dizionario di opere anonime e pseudonime di scrittori italiani, 3 Bände, Mailand 1848–1859, Supplemente von G. Passano (1887) und E. Rocco (1888).

Namenschlüssel
zu Pseudonymen, Doppelnamen und Namensabwandlungen, 3. Auflage Berlin 1941, Nachdruck Hildesheim 1965, Ergänzungen ebd. 1968.

Quérard, Joseph-Marie
Les supercheries littéraires dévoilées, 3 Bände, 2. Auflage Paris 1869–1870, Nachdruck Hildesheim 1965.

Santi, A.
Dizionario pseudonimico degli enigmografi italiani, Modena 1956.

Stonehill, C. A., A. Block and H. W. Stonehill
Anonyma and Pseudonyma, 4 Bände, London 1926–1927, Nachdruck New York 1933.

Taylor, A. and F. J. Mosher
The Bibliographical History of Anonyma and Pseudonyma, Chicago 1951.

Weller, Emil
Lexicon Pseudonymorum, Wörterbuch der Pseudonymen aller Zeiten und Völker, 2. Auflage Regensburg 1886, Nachdruck Hildesheim 1963.

II. Zur Quellenüberlieferung

Aber, Adolf
Die Pflege der Musik unter den Wettinern und wettinischen Ernestinern, Bückeburg und Leipzig 1921 (Veröffentlichungen des Fürstlichen Instituts für musikwissenschaftliche Forschung zu Bückeburg, Reihe IV, Band 1).

Apel, Willi
Geschichte der Orgel- und Klaviermusik bis 1700, Kassel 1967.

Apel, Willi
Die Celler Orgeltabulatur von 1601. In: Die Musikforschung, Jahrgang 19 (1966), S. 142–151.

Bäumker, Wilhelm
Das katholische deutsche Kirchenlied in seinen Singweisen von den frühesten Zeiten bis zum Ende des 17. Jahrhunderts, 4 Bände, Freiburg 1883–1891, Nachdruck Hildesheim 1962.

Baselt, Bernhard
Die Musikaliensammlung der Schwarzburg-Rudolstädtischen Hofkapelle unter Philipp Heinrich Erlebach (1657–1714). In: Traditionen und Aufgaben der Hallischen Musikwissenschaft. Sonderband der Wissenschaftlichen Zeitschrift der Martin-Luther-Universität Halle-Wittenberg 1963, S. 105–134.

Becker, Carl Ferdinand
Die Tonwerke des 16. und 17. Jahrhunderts oder Systematisch-chronologische Zusammenstellung der in diesen zwei Jahrhunderten gedruckten Musikalien, 2. Auflage, Leipzig 1855, Nachdruck Hildesheim 1969.

Becker, Carl Ferdinand
Systematisch-chronologische Darstellung der musikalischen Literatur von der frühesten bis auf die neueste Zeit, Leipzig 1836–1839, Nachdruck Amsterdam 1964.

Beinroth, Friedrich Wilhelm
Musikgeschichte der Stadt Sondershausen von ihren Anfängen bis zum Ende des 19. Jahrhunderts, Innsbruck 1943.

Biehle, Herbert
Musikgeschichte von Bautzen bis zum Anfang des 19. Jahrhunderts, Leipzig 1924 (Veröffentlichungen des Fürstlichen Instituts für musikwissenschaftliche Forschung zu Bückeburg, Reihe IV, 3).

Blume, Friedrich (Herausgeber)
Geschichte der evangelischen Kirchenmusik, 2., neubearbeitete Auflage, Kassel usw. 1965.

Boetticher, Wolfgang
Orlando di Lasso und seine Zeit 1532–1594. Repertoire-Untersuchungen zur Musik der Spätrenaissance, Band I, Kassel, Basel 1958.

Bopp, August
Beiträge zur Geschichte der Stuttgarter Stiftsmusik. In: Württembergisches Jahrbuch für Statistik und Landeskunde, Jahrgang 1910, Stuttgart 1911, S. 211–250.

Bossert, Gustav
Die Hofkantorei unter Herzog Christoph, Herzog Ludwig, Herzog Friedrich, Johann Friedrich, Eberhard III., Herzog Ulrich. In: Württembergische Vierteljahrshefte für Landesgeschichte, Neue Folge, Jahrgang 7 (1898), 9 (1900), 19 (1910), 20 (1911), 21 (1912), 25 (1916). Besonders ergiebig Jahrgang 21 (1912), S. 69–137.

Braun, Werner
Die mitteldeutsche Choralpassion im 18. Jahrhundert, Berlin 1960.

Braun, Werner
Die alten Musikbibliotheken der Stadt Freyburg (Unstrut). In: Die Musikforschung, Jahrgang 15, 1962, S. 123–145.

Braun, Werner
Mitteldeutsche Quellen der Sammlung Gotthold in Königsberg. In: Musik des Ostens, Band 5, Kassel 1969.

Braun, Werner
Musik am Hof des Grafen Günther von Oldenburg (1603–1667). In: Oldenburger Balkenschild, Kleine Hefte Nr. 18–20, Oldenburg 1963, S. 1–31.

Brennecke, Wilfried
Die Handschrift A. R. 940/41 der Proske-Bibliothek zu Regensburg. Ein Beitrag zur Musikgeschichte im zweiten Drittel des 16. Jahrhunderts, Kassel 1953 (Schriften des Landesinstituts für Musikforschung, Kiel, Band 1).

Brook, Barry Shelley
La symphonie française dans la seconde moitié du XVIIIe siècle, 3 Bände, Paris 1962.

Brook, Barry Shelley (Herausgeber)
The Breitkopf Thematic Catalogue; the six parts and sixteen supplements, 1762–1787, New York 1966.

Dadelsen, Georg von
Beiträge zur Chronologie der Werke Johann Sebastian Bachs, Trossingen 1958 (Tübinger Bach-Studien 4/5).

Eitner, Robert
siehe Abschnitt I (Gesamtkataloge) und Abschnitt II (Kataloge einzelner Bibliotheken).

Engelbrecht, Christiane
Die Kasseler Hofkapelle im 17. Jahrhundert und ihre anonymen Musikhandschriften aus der Kasseler Landesbibliothek, Kassel usw. 1958 (Musikwissenschaftliche Arbeiten 14).

Feder, Georg
Die Überlieferung und Verbreitung der handschriftlichen Quellen zu Haydns Werken. In: Haydn-Studien, Band 1, Köln 1965.

Fellerer, Karl Gustav
Ein Musikalieninventar des fürstbischöflichen Hofes in Freising aus dem 17. Jahrhundert. In: Archiv für Musikwissenschaft, Jahrgang VI, Leipzig 1924.

Fétis, François Joseph
Biographie universelle des musiciens et bibliographie générale de la musique, 8 Bände, Brüssel 1835–1844, 2. Auflage Paris 1860–1865, mehrere andere Ausgaben, Supplément von A. Pougin, 2 Bände, Paris 1878–1880; Nachdruck der 2. Ausgabe (8 Bände, Paris 1873–1875, mit Supplément et complément von A. Pougin, 2 Bände, 1878–1880), Brüssel 1963 und 1972.

Fischer, Albert Friedrich Wilhelm
Kirchenlieder-Lexikon, Hymnologisch-literarische Nachweisungen über ca. 4500 der wichtigsten und verbreitetsten Kirchenlieder aller Zeiten in alphabetischer Folge nebst einer Übersicht der Liederdichter, 2 Bände, Gotha 1878–1879, Nachdruck in einem Band, Hildesheim 1967.

Fischer, Albert Friedrich Wilhelm
Das deutsche evangelische Kirchenlied des 17. Jahrhunderts, vollendet und herausgegeben von Wilhelm Tümpel, 6 Bände, Gütersloh 1904–1916, Nachdruck Hildesheim 1964.

Freytag, Werner
Musikgeschichte der Stadt Stettin im 18. Jahrhundert, Dissertation Greifswald 1936.

Friedlaender, Max
Das deutsche Lied im 18. Jahrhundert. Quellen und Studien, 2 Bände, Stuttgart 1902, Nachdruck Hildesheim 1962 und 1970.

Frotscher, Gotthold
Geschichte des Orgelspiels und der Orgelmusik, 2 Bände, 3. Auflage Berlin 1966.

Fürstenau, Moritz
Zur Geschichte der Musik und des Theaters am Hofe zu Dresden, 2 Bände, Dresden 1861–1862, Nachdruck in einem Band, Hildesheim 1971.

Geck, Martin
Die Authenzität des Vokalwerks Dietrich Buxtehudes in quellenkritischer Sicht. In: Die Musikforschung, Jahrgang 14, 1961, S. 393–415, Jahrgang 16, 1963, S. 175–181.

Göhler, Albert
Verzeichnis der in den Frankfurter und Leipziger Messkatalogen der Jahre 1564 bis 1759 angezeigten Musikalien, Leipzig 1902, Nachdruck Hilversum 1965.

Göhler, Albert
Die Meßkataloge im Dienste der musikalischen Geschichtsforschung. In: Sammelbände der Internatio-

nalen Musikgesellschaft, Jahrgang 3, 1901–1902, S. 294–376.

Güttler, Hermann
Königsbergs Musikkultur im 18. Jahrhundert, Königsberg 1925 (Königsberger Studien zur Musikwissenschaft, Band 4).

Handbuch
der deutschen evangelischen Kirchenmusik. Nach den Quellen herausgegeben von Konrad Ameln, Christhard Mahrenholz und Wilhelm Thomas, unter Mitarbeit von Carl Gerhardt, Band 1 ff., Göttingen 1935 ff.

Held, Karl
Das Kreuzkantorat zu Dresden. Nach archivalischen Quellen bearbeitet, Leipzig 1894.

Hennings, Johann und Wilhelm Stahl
Musikgeschichte Lübecks, 2 Bände, Kassel 1951–1952.

Heussner, Horst und Ingo Schultz
Collectio Musica, Musikbibliographie in Deutschland bis 1625, Kassel 1973 (Catalogus musicus, Band 6).

Johansson, Cari
French Music Publisher's Catalogues of the Second Half of the Eighteen Century, Stockholm 1955 (Publications of the Library of the Royal Swedish Academy of Music, Band 2).

Kade, Otto
Die ältere Passionskomposition bis zum Jahre 1931, Gütersloh 1893, Nachdruck Hildesheim o.J.

Kilian, Dietrich
Das Vokalwerk Dietrich Buxtehudes, Quellenstudien zu seiner Überlieferung und Verwendung, Diss. Berlin (Freie Universität) 1956, maschinenschriftlich.

Kirsch, Winfried
Die Quellen der mehrstimmigen Magnificat- und Te deum-Vertonungen bis zur Mitte des 16. Jahrhunderts, Tutzing 1966.

Koch, Eduard Emil
Geschichte des Kirchenliedes und Kirchengesangs der christlichen, insbesondere der deutschen evangelischen Kirche, 8 Bände, 3. Auflage, Stuttgart 1866–1877, Nachdruck Hildesheim 1973.

Krautwurst, Franz
Die Heilsbronner Chorbücher der Universitätsbibliothek Erlangen, Ms. 473, 1–4, Habilitationsschrift Erlangen 1956, Teildruck in: Jahrbuch für fränkische Landesforschung 25 (1965) und 27 (1967).

Krummacher, Friedhelm
Die Überlieferung der Choralbearbeitungen in der frühen evangelischen Kantate, Untersuchungen zum Handschriftenrepertoire evangelischer Figuralmusik im späten 17. und beginnenden 18. Jahrhundert, Berlin 1965 (Berliner Studien zur Musikwissenschaft, Band 10).

Kümmerling, Harald
Katalog der Sammlung Bokemeyer, Kassel 1970 (Kieler Schriften zur Musikwissenschaft, Band 18).

Kugler, Michael
Die Tastenmusik im Codex Faenza, 2 Bände, Tutzing 1972 (Münchner Veröffentlichungen zur Musikgeschichte, Band 21).

Martin, Johannes
Die Kirchenkantaten Johann Kuhnaus, Diss. Berlin 1928, maschinenschriftlich, Teildruck 1928.

Menke, Werner
Das Vokalwerk Georg Philipp Telemanns, Überlieferung und Zeitfolge, Kassel 1942 (Erlanger Beiträge zur Musikwissenschaft, Band 3).

Mersmann, Hans
Christian Ludwig Boxberg und seine Oper "Sardanapalus" Ansbach 1698 mit Beiträgen zur Ansbacher Musikgeschichte, Diss. Berlin 1914, maschinenschriftlich, Teildruck unter dem Titel: Beiträge zur Ansbacher Musikgeschichte, Leipzig 1916.

Meyer, Ernst Hermann
Die mehrstimmige Spielmusik des 17. Jahrhunderts in Nord- und Mitteleuropa. Mit einem Verzeichnis der deutschen Kammer- und Orchestermusikwerke des 17. Jahrhunderts, Kassel1934 (Heidelberger Studien zur Musikwissenschaft, Band 2).

Mohr, Peter
Die Handschrift B 211–215 der Proske-Bibliothek zu Regensburg mit kurzer Beschreibung der Handschriften B 216–219 und B 220–222, Kassel, Basel 1955 (Schriften des Landesinstituts für Musikforschung Kiel, Band 7).

Noack, Elisabeth
Die Bibliothek der Michaeliskirche zu Erfurt. Ein Beitrag zur Geschichte der musikalischen Formen und der Aufführungspraxis in der zweiten Hälfte des 17. Jahrhunderts. In: Archiv für Musikwissenschaft, Jahrgang 7, 1925, S. 65–116.

Osthoff, Helmuth
Adam Krieger, Neue Beiträge zur Geschichte des deutschen Liedes im 17. Jahrhundert, Leipzig 1929, Nachdruck Wiesbaden 1970.

Osthoff, Helmuth
Die Niederländer und das deutsche Lied (1400–1640). Mit Notenbeispielen, einem Gesamtverzeichnis der von niederländischen Musikern komponierten Lieder, Liedmotetten und Instrumentalsätze mit hochdeutschen Texten bzw. Textmarken und einem Anhang von 22 mehrstimmigen Liedern, Berlin 1938, Nachdruck Tutzing 1967 (mit einem neuen Anhang).

Osthoff, Helmuth
Josquin Desprez, 2 Bände, Tutzing 1962–1965.

Paulke, Karl
Musikpflege in Luckau. Neue Beiträge zur Musikgeschichte der Niederlausitz. In: Niederlausitzer Mitteilungen, Zeitschrift der Niederlausitzer Gesellschaft für Anthropologie und Altertumskunde, Jahrgang 14, Guben 1918, S. 129 ff.

Rauschning, Hermann
Geschichte der Musik und Musikpflege in Danzig. Von den Anfängen bis zur Auflösung der Kirchenkapellen, Danzig 1931 (Quellen und Darstellungen zur Geschichte Westpreußens, Band 15).

Rautenstrauch, Johannes
Luther und die Pflege der kirchlichen Musik in Sachsen (14.–19. Jahrhundert). Beitrag zur Geschichte der katholischen Brüderschaften, der vor- und nachreformatorischen Kurrenden, Schulchöre und Kantoreien Sachsens, Leipzig 1907, Nachdruck Hildesheim 1970.

Reich, Wolfgang
Threnodiae sacrae. Katalog der gedruckten Kompositionen des 16. bis 18. Jahrhunderts in Leichenpredigtsamm

lungen innerhalb der Deutschen Demokratischen Republik, Dresden 1966 (Veröffentlichungen der Sächsischen Landesbibliothek, Band 7).

Reimann, Magarete (Herausgeber)
Die Lüneburger Orgeltabulatur 208[1], Frankfurt a.M. 1957 (Das Erbe deutscher Musik,Band 36).

Reimann, Magarete (Herausgeber)
Die Lüneburger Orgeltabulatur 208[2], Frankfurt a.M. 1968 (Das Erbe deutscher Musik, Band 40).

Riedel, Friedrich Wilhelm
Quellenkundliche Beiträge zur Geschichte der Musik für Tasteninstrumente in der zweiten Hälfte des 17. Jahrhunderts, Kassel, Basel 1960 (Schriften des Landesinstituts für Musikforschung Kiel, Band 10).

Riedel, Friedrich Wilhelm
Das Musikarchiv im Minoritenkonvent zu Wien, Kassel 1963 (Catalogus musicus, Band 1).

Ringmann, Heribert und J. Klapper (Herausgeber)
Das Glogauer Liederbuch, Kassel 1936/37 (Das Erbe deutscher Musik, Reichsdenkmale, Band 4 und 8).

Rudén, Jan Olof
Vattenmärken och musikforskning, Presentation och tillämpning av en dateringsmetod pa musikalier handskift i Uppsala universitetsbiblioteks Dübensamling (Wasserzeichen und Musikwissenschaft. Darstellung und Anwendung einer Datierungsmethode von Musikalien in Handschriften der Dübensammlung in der Universitätsbibliothek Uppsala), 2 Bände, Dissertation Uppsala 1968.

Samuel, Harold Eugene
The Cantata in Nuremberg during the Seventeenth Century, Dissertation Ithaca (New York) 1963, maschinenschriftlich.

Schaal, Richard
Das Inventar der Kantorei St. Anna in Augsburg. Ein Beitrag zur protestantischen Musikpflege im 16. und beginnenden 17. Jahrhundert, Kassel 1965 (Catalogus musicus, Band 3).

Schaal, Richard
Die Musikhandschriften des Ansbacher Inventars von 1686, Wilhelmshaven 1966 (Quellenkataloge zur Musikgeschichte, Band 1).

Schaal, Richard (Herausgeber)
Die Kataloge des Augsburger Musikalien-Händlers Kaspar Flurschütz, 1613–1628. Mit einer Bibliographie zur Augsburger Musikgeschichte 1550–1650, Wilhelmshaven 1974 (Quellenkataloge zur Musikgeschichte, Band 7). Aufschlußreich für Namensformen.

Schanzlin, Hans Peter
Johann Melchior Glettles Motetten, Bern 1954 (Publikationen der Schweizerischen Musikforschenden Gesellschaft, Serie II, Band 2).

Schering, Arnold
Die alte Chorbibliothek der Thomasschule zu Leipzig. In: Archiv für Musikwissenschaft, Jahrgang 1 (1918/19), S. 275–288.

Schering, Arnold
Musikgeschichte Leipzigs, Band 2: Von 1650 bis 1723, Band 3: Johann Sebastian Bach und das Musikleben Leipzigs im 18. Jahrhundert, Leipzig 1926 bzw. 1941.

Schierning, Lydia
Die Überlieferung der deutschen Orgel- und Klaviermusik aus der ersten Hälfte des 17. Jahrhunderts, Kassel 1961 (Schriften des Landesinstituts für Musikforschung Kiel, Band 12).

Schild, Emilie
Geschichte der protestantischen Messenkomposition im 17. und 18. Jahrhundert, Dissertation Gießen 1934.

Schmid, Ernst Fritz
Musik an den schwäbischen Zollernhöfen der Renaissance, Kassel 1962.

Schmidt, Günther
Die Musik am Hofe der Markgrafen von Brandenburg-Ansbach vom ausgehenden Mittelalter bis 1806. Mit Beiträgen zur deutschen Choralpassion, frühdeutschen Oper und vorklassischen Kammermusik, Kassel, Basel 1956.

Schmidt, Gustav Friedrich
Die frühdeutsche Oper und die musikdramatische Kunst Georg Caspar Schürmanns, 2 Bände, Regensburg 1933 bis 1934.

Schmitt, Rainer
Untersuchungen zu Johann Donfrids Sammeldrucken unter besonderer Berücksichtigung der geistlichen Konzerte Urban Loths, Dissertation Bonn 1974.

Schöberlein, Ludwig und Friedrich Riegel
Schatz des liturgischen Chor- und Gemeindegesangs. Nebst den Altarweisen in der deutschen evangelischen Kirche aus den Quellen vernehmlich des 16. und 17. Jahrhunderts geschöpft, mit den nöthigen geschichtlichen und praktischen Erläuterungen versehen, 3 Bände, Göttingen 1865–1872.

Schrade, Leo
Die handschriftliche Überlieferung der ältesten Instrumentalmusik, Lahr 1931, 2. ergänzte Auflage Tutzing 1968.

Schreiber, Max
Kirchenmusik von 1600–1700. Originaldrucke und Manuskripte chronologisch zusammengestellt, Birkeneck 1934.

Schulze, Walter
Die Quellen der Hamburger Oper (1678–1738). Eine bibliographisch-statistische Studie zur Geschichte der ersten stehenden deutschen Oper, Hamburg 1938 (Mitteilungen aus der Bibliothek der Hansestadt Hamburg, Band 4).

Seibel, Gustav Adolf
Das Leben des Königlich Polnischen und Kurfürstlich Sächsischen Hofkapellmeisters Johann David Heinichen nebst chronologischem Verzeichnis seiner Opern und thematischem Katalog seiner Werke, Leipzig 1913.

Seiffert, Max
Einleitungen zu den Denkmälern deutscher Tonkunst, Band 53/54 (J. Ph. Krieger; Leipzig 1916), zu den Denkmälern der Tonkunst in Bayern, Band 18 (J. Krieger, F. X. A. Murschhauser, J. Ph. Krieger; Leipzig 1917).

Senn, Walter
Musik und Theater am Hof zu Innsbruck. Geschichte der Hofkapelle vom 15. Jahrhundert bis zu deren Auflösung im Jahre 1748, Innsbruck 1954.

Serauky, Walter
Musikgeschichte der Stadt Halle, 3 Bände Text, 2 Bände Musik, Halle und Berlin 1935–1943 (Beiträge zur Musikforschung, Band 1, 6–9).

Sittard, Josef
Geschichte des Musik- und Concertwesens in Hamburg vom 14. Jahrhundert bis auf die Gegenwart, Altona und Leipzig 1890, Nachdruck Hildesheim 1970.

Sittard Josef
Zur Geschichte der Musik und des Theaters am Württembergischen Hofe, 1458–1793, 2 Bände, Stuttgart 1890–1891, Nachdruck Hildesheim 1970 (2 Bände in 1).

Stahl, Wilhelm
Die Musikabteilung der Lübecker Stadtbibliothek in ihren ältesten Beständen, Lübeck 1931 (Veröffentlichungen der Stadtbibliothek der Freien und Hansestadt Lübeck, Reihe 4, Band 2).

Stahl, Wilhelm
Musikgeschichte Lübecks, Band 2 (Geistliche Musik), Kassel, Basel 1952.

Tabulaturen des XVI. Jahrhunderts
Teil 1: Die Tabulaturen aus dem Besitz des Basler Humanisten Bonifacius Amerbach, herausgegeben von Hans Joachim Marx, Basel 1967 (Schweizerische Musikdenkmäler, Band 6); Teil 2: Die Tabulatur des Clemens Hör (ca. 1535–1540), herausgegeben von Hans Joachim Marx, Basel 1970 (Schweizerische Musikdenkmäler, Band 7).

Thomas, Günter
Friedrich Wilhelm Zachow, Regensburg 1966 (Kölner Beiträge zur Musikforschung, Band 38).

Tilsen, Herta
Eine Musikhandschrift des Benediktiner-Klosters Ottobeuren aus dem Jahre 1695, Dissertation München 1925, maschinenschriftlich.

Tucher, Gottlieb von
Schatz des evangelischen Kirchengesangs im ersten Jahrhundert der Reformation, 2 Bände, Leipzig 1848, Nachdruck Hildesheim 1972.

Tscheuschner, Eckart
Die Neresheimer Orgeltabulaturen der Fürstlich Thurn und Taxisschen Hofbibliothek zu Regensburg, Dissertation Erlangen-Nürnberg 1966.

Valentin, Caroline
Geschichte der Musik in Frankfurt a.M. vom Anfang des XIV. bis zum Anfang des XVIII. Jahrhunderts, Frankfurt a.M. 1906.

Valentin, Erich
Die Entwicklung der Tokkata im 17. und 18. Jahrhundert (bis J. S. Bach), Münster 1930 (Universitas-Archiv, Musikwissenschaftliche Abteilung, Band 45).

Vogeleis, Martin
Quellen und Bausteine zu einer Geschichte der Musik und des Theaters im Elsaß 500–1800, Straßburg 1911.

Vogg, Herbert
Franz Tuma (1704–1774) als Instrumentalkomponist, nebst Beiträgen zur Wiener Musikgeschichte des 18. Jahrhunderts (Die Hofkapelle der Kaiserinwitwe Elisabeth Christine), 3 Bände, Dissertation Wien 1951.

Voß, Otto
Die sächsische Orgelmusik in der zweiten Hälfte des 17. Jahrhunderts, Dissertation Berlin 1936.

Wackernagel, Philipp
Das deutsche Kirchenlied von der ältesten Zeit bis zu Anfang des 17. Jahrhunderts, 5 Bände, Leipzig 1864–1877, Nachdruck Hildesheim 1964.

Wallner, Bertha Antonia
Musikalische Denkmäler der Steinätzkunst des 16. und 17. Jahrhunderts nebst Beiträgen zur Musikpflege dieser Zeit, München 1912.

Wallner, Bertha Antonia (Herausgeber)
Das Buxheimer Orgelbuch, Faksimile der Handschrift mus. 3725 der Bayerischen Staatsbibliothek, Kassel 1955 (Documenta musicologica, Reihe II, Band 1), transskribierte Neuausgabe Kassel 1958–1959 (Das Erbe deutscher Musik, Band 37–39).

Walter, Friedrich
Geschichte des Theaters und der Musik am Kurpfälzischen Hofe, Leipzig 1898 (Forschungen zur Geschichte Mannheims und der Pfalz, Band 1), Nachdruck Hildesheim 1968.

Webhofer, Peter
Giovanni Felice Sances, ca. 1600–1679. Biographisch–bibliographische Untersuchung und Studie über sein Motettenwerk, Dissertation Rom 1964, Innsbruck 1965.

Werner, Arno
Geschichte der Kantoreigesellschaften im Gebiet des ehemaligen Kurfürstentums Sachsen, Leipzig 1902 (Publikationen der Internationalen Musikgesellschaft, Beiheft 9), Nachdruck Wiesbaden 1969.

Werner, Arno
Städtische und fürstliche Musikpflege in Weißenfels bis zum Ende des 18. Jahrhunderts, Leipzig 1911.

Werner, Arno
Städtische und fürstliche Musikpflege in Zeitz bis zum Anfang des 19. Jahrhunderts, Leipzig 1922 (Veröffentlichungen des Fürstlichen Instituts für musikwissenschaftliche Forschung zu Bückeburg, Vierte Reihe, Band 2).

Werner, Arno
Die alte Musikbibliothek und die Instrumentensammlung an St. Wenzel in Naumburg an der Saale. In: Archiv für Musikwissenschaft, Jahrgang 8 (1926), S. 390 bis 415.

Werner, Arno
Vier Jahrhunderte im Dienste der Kirchenmusik. Geschichte des Amtes und Standes der evangelischen Kantoren, Organisten und Stadtpfeifer seit der Reformation, Leipzig 1933.

Wolff, Hellmuth Christian
Die Barockoper in Hamburg (1678–1738), 2 Bände, Wolfenbüttel 1957.

Zahn, Johannes
Die Melodien der deutschen evangelischen Kirchenlieder, aus den Quellen geschöpft und mitgeteilt, 6 Bände, Gütersloh 1889–1893, Nachdruck Hildesheim 1963.

Zöbeley, Hans Rudolf
Die Musik des Buxheimer Orgelbuchs, Tutzing 1964 (Münchner Veröffentlichungen zur Musikgeschichte, Band 10).

Zulauf, Ernst
Beiträge zur Geschichte der Landgräflich Hessischen Hofkapelle zu Cassel bis auf die Zeit Moritz des Gelehrten, Leipzig 1902.

Ergänzungen

Ergänzungen

Ergänzungen

Ergänzungen

Ergänzungen

Ergänzungen